# 学术史视野下中国体育教学论学科研究

赵 利 著

XUESHUSHI SHIYE XIA
ZHONGGUO TIYU
JIAOXUELUN XUEKE YANJIU

四川大学出版社

责任编辑:何　静
责任校对:周　颖
封面设计:墨创文化
责任印制:王　炜

**图书在版编目(CIP)数据**

学术史视野下中国体育教学论学科研究 / 赵利著.
—成都：四川大学出版社，2018.8
ISBN 978-7-5690-2282-7

Ⅰ.①学…　Ⅱ.①赵…　Ⅲ.①体育教学-教学研究-中国-高等学校　Ⅳ.①G807.4

中国版本图书馆 CIP 数据核字（2018）第 194832 号

书名　**学术史视野下中国体育教学论学科研究**

| | |
|---|---|
| 著　　者 | 赵　利 |
| 出　　版 | 四川大学出版社 |
| 地　　址 | 成都市一环路南一段 24 号 (610065) |
| 发　　行 | 四川大学出版社 |
| 书　　号 | ISBN 978-7-5690-2282-7 |
| 印　　刷 | 郫县犀浦印刷厂 |
| 成品尺寸 | 148 mm×210 mm |
| 印　　张 | 7.125 |
| 字　　数 | 193 千字 |
| 版　　次 | 2019 年 1 月第 1 版 |
| 印　　次 | 2019 年 1 月第 1 次印刷 |
| 定　　价 | 36.00 元 |

◆读者邮购本书,请与本社发行科联系。
电话:(028)85408408/(028)85401670/
(028)85408023　邮政编码:610065
◆本社图书如有印装质量问题,请
寄回出版社调换。
◆网址:http://press.scu.edu.cn

# 序

我第一次见到赵利是在南师大教育科学学院招收学科教学论博士研究生时，她风尘仆仆，自千里之外，匆匆赶来。她闪着一双大眼睛，从容自信，侃侃而谈。所谈观点，颇有大局观；所述事实，颇具历史观。

赵利读博期间，学习刻苦，为完成一项教育课题，往往要收集、阅读千余篇相关论文，查阅众多资料。她所精选的代表性论文，准确、翔实。她爱读书，是研究生中购书和读书最多的人。如今，她关于体育学科教学论发展历程的专著手稿放在面前，我一点儿也不感到意外，一点儿也不怀疑她的能力！赵利仅凭个人的力量，就梳理和归纳出了百余年来中国体育教育改革历程中的经验和规律，这需要魄力、胆识、能力和见解，她能做此努力，完成此重任，不能不说是一种非凡的业绩。

本书在回顾近代体育传入中国后百余年的体育教育改革历史的基础上，系统地总结了体育教学论学科的历史演变，概括其发展的规律和特点。这些中国体育教学论学科发展史的经验总结，对于中国体育教育的持续发展不无裨益。赵利所做的分析与预测颇具前瞻性，本书的现实意义和实用价值就在于此。

体育教学论学科是体育教育专业的基础理论之一，我建议体育教育专业的学生都认真地读一读，学一学。

望着厚厚的书稿，闻着浓浓的书香，想想读书时的往事，看看今日她所取得的业绩，我思潮澎湃，感慨万千！怎奈已是年迈体衰，故寥寥几笔，权当为序。

南京师范大学特聘教授

博士生导师　田雨普

二〇一八年四月三十日于北京

# 目　录

# 绪　论

## 一、课题设定

体育教学论是教学论的分支学科，是一门年轻的学科，是现代社会的产物，它随着社会发展而发展。不同时期体育教学的中心任务、培养目标、课程设置、研究主题呈现出不同的特征，以不同的形式共同推动着近代中国体育教学的发展。体育教学有着自己的历史发展背景和学科发展轨迹。其知识不是固化的，而是人类发展的某一阶段，有过去也有未来。体育教学论发展的时代转换是其学科发展的历史选择，因此，尼尔·波斯曼提议，“每一位老师都必须是历史老师”①，这一历史的线索旨在让学生知晓前人对问题的看法、当时的背景、对问题认识的历史局限，从而培养学生用发展的眼光看问题的能力。那么，我国体育教学论学科是在怎样的条件下产生和发展的？是否符合当时学生的需要？是否符合当时社会的需要？当今的体育教学论学科发展可从中获得怎样的启示？等等。这些将是本研究深入探讨的问题。

本研究基于学术史的视角，试图以20世纪初近代体育在中国的起步为起点，具体考察体育教学论学科从无到有的发展历

---

① 尼尔·波斯曼. 技术垄断：文化向技术投降［M］. 何道宽，译. 北京：北京大学出版社，2007：113.

程，厘清体育教学论学科发展的脉络。主要基于以下几方面的考虑：

1. 有助于增强体育教学论学科建设的自我意识

要进行体育教学论学科建设，首先必须了解其自身的历史，这也是一个学科成熟的标志。“一个学科的发展成功与否，有无学术史的梳理是一项重要的检验标准。”“学术史就是学术对自身的发展历程进行反思、分析和研究，从而寻找出学术发展带有规律性的东西来。”① 本课题旨在实证地考察体育教学论学科从无到有的发展历程，透视体育教学论学科发展的历史，有利于增强体育教学论学科建设的自我意识，研究体育教学问题，将最新的体育教学研究成果反哺于体育教育专业建设，推动体育教育专业发展。

2. 有助于体育教学论学科形成自身的个性和特色

体育教学论是教学论的分支学科，在体育教学论学科建设中，只有凸显自身的特色，发挥自身的优势，才能在众多分科教学论学科中占有一席之地。体育教学论研究的基本任务是发展和完善体育教学理论，对体育教学实践做出科学的论证。体育教学论是体育教学实践的理论概括，又在理论指导下积极有效地解决体育教学实践中的具体问题。体育教学论是体育教育专业本科生的一门必修主干课程，学科设置立足于基础教育，培养师范生将来作为教师应具备的基本素质，以符合时代对师资培养的要求。同时，注重学术研究，注重体育教学论专门人才的培养。因此，以“师范性”和“学术性”为其学科建设的基本价值取向。

总之，前瞻、反思、总结是体育教学论史的生命力与价值所在，本着“反思过去、立足现在、展望未来、放眼世界”的原

---

① 余三定．当代学术史研究：新兴的学科［J］．中山大学学报（社会科学版），2011，51（2）：138－143.

则，本研究在科学建设的整体框架下，厘清体育教学论发展的过程和脉络，反思当前体育教学论学科发展面临的机遇与挑战，探索体育教学论学科的发展路向。

## 二、研究方法

作为一项历史研究，本研究主要采用了以下三种研究方法：

1. 文献资料法

通过多种途径收集、查阅有关教育史、体育史、学校体育史研究的文献、文集、论著、教学文件、学位论文等资料，然后对这些资料进行分类整理、分析，力求做到论从史出、史论结合。

2. 历史研究法

坚持历史唯物主义方法论，运用历史分析方法，对收集的史料进行梳理、分析，把握其发展脉络，明确其不同阶段和过程反映的社会背景、原因、特征等。

3. 比较研究法

通过横向和纵向的比较，揭示不同时期体育教学论学科发展的基本特征，并分析其原因。

## 三、研究内容

体育是学校教育思想的重要组成部分，社会发展需要学校体育教学的教化作用。学校体育教学的开展推进了高等学校体育教育专业的发展及体育教学论学科的创立。体育教学论学科建设立足于基础教育，不仅研究教材教法，还研究课程的理论、教学的理论、国际课程教材的比较研究等，将体育教学研究的最新成果反哺于体育教育专业建设，培养符合时代需要的体育师资。本研究以学校体育教学发展演进的历史为经，以学校体育教学的开展促进高等学校体育教育专业的发展和体育教育专业发展推动体育教学论学科的创立这两条线索为纬，厘清体育教学论学科发展的脉络，总结经验教训，分析体育教学论学科发展面临的机遇与挑战，描绘体育教学论学科发展的蓝图，指导当前体育教学论学科研究走出困境，适应时代需求。

本研究除绪论外，共五章。

第一章，清末民初体育教学论学科的萌芽。本章主要阐述了西方体育教学在中国的真正起步，以及学制的颁布确立了体育教学的地位；由于体育教学的开设导致体育师资的匮乏，从而促进了体育师范教育的兴起。这一时期“救亡图存”的社会需求在客观上促进了体育教学在中国的诞生，体育教学价值取向体现了当时教育的核心价值，体育师资的培养在模仿中前行。其中，“体育学科教学法”为体育系的必修课，注重培养体育师范生的教学理论知识，提高体育师范生的教学技能。体育师资培养在模仿中逐渐形成了较为规范的课程模式，为今后体育专业人才培养搭建了基本的框架。我国近代学校体育理论在对西方体育教学理论的引入和传播中已初具规模。

第二章，中华人民共和国成立后体育教学论学科的探索。本章分为中华人民共和国成立至“文化大革命”前和“文化大革命”十年这两个阶段，考察了我国体育教学在全盘学习苏联和自我探索，以及高等体育教育在全面学习苏联模式下的发展之路。这一时期体育教学价值取向体现了为无产阶级政治服务的教育价值；体育教育人才培养，在中苏关系破裂后，踏上了自主培养体育专业本科生、研究生的道路；体育教材教法是一门培养体育教师专业化的重要课程；体育教学理论在对“照搬苏联模式”的反思中，开始逐渐结合我国体育教学的实际情况，建立自己的体育教学理论体系。

第三章，中国改革开放后体育教学论学科的创立。本章分为新课程改革前和新课程改革后两个阶段。在新课程改革前，体育教学步入正规化和法制化的进程，学校体育教学走上正轨，各级学校体育教师处于严重匮乏状态，要保证体育教学的顺利实施，需要大量合格的体育教师。体育教育专业加大了对体育师资的培养，以适应社会的发展需求。在新课程改革后，体育教学以学生发展为中心，重视学生的主体地位。新课程改革对体育教师提出了新的、更高的要求，加之教师资格考试制度的实施，对体育教师的需求从满足数量到提升质量，这些都迫使高校体育教育在人才培养目标、培养内容、培养模式等方面进行改革，促进作为体育教师教育主干课程的体育教学论学科的独立。这一时期基础教育体育教学变革是创建体育教学论学科的基点，体育教学论教材的出版为体育教学论学科构建打下了认识基础，体育研究机构的成立为体育教学论学科建设提供了组织基础，体育教学论高层次人才的培养为体育教学论学科发展提供了高水平师资队伍。体育教学论学科的创立，加快了体育教学论学科体系的建设步伐，为体育教育专业建设提供了相应的学科支撑。

第四章，体育教学论学科发展演进的历史经验。体育教学论发展的时代转换是其学科发展的历史选择。给予我们的启示是：学校体育教学社会教化的时代性与动态性；学校体育教学与体育教育专业的相依存性；体育教学论学科对体育教育专业的支撑性；体育教学论学科发展演变过程中的摇摆性。

第五章，当代体育教学论学科发展的思考和展望。以史为鉴，明晰当前体育教学论学科发展中存在的问题，思考未来体育教学论学科发展的未来走向。

# 第一章　清末民初体育教学论学科的萌芽

鸦片战争，中国闭关自守的大门被帝国主义用炮火轰开。清朝统治者割地赔款，签订一系列丧权辱国的不平等条约，中国社会自给自足的农业与家庭手工业相结合的自然经济逐渐解体，中国的独立自主受到严重损害，中国的社会随之发生了根本性变化。从此，中国由落后而独立的封建社会沦为半殖民地半封建社会。整个国家民不聊生，百姓怨声载道。多年战乱，国贫民弱，中国人被蔑称为“东亚病夫”。国家存亡的现实警醒了一批先进的政治家、思想家和学者，他们开始“睁眼看世界”，希望“借西方文明之学术以改良东方之文化”，使“老大帝国，一变而为少年新中国”。[①] 于是，力主效法西方，“师夷长技以制夷”，学习西方问题第一次被提上了日程。中国与西方正面相遇，传统教育受到西方文化的冲击，在维新派“广开民智”的奔走呼号下，有识之士倡导“故欲革旧习，兴智学，必以立师范学堂为第一义”[②]，全国出现了一个兴办新式学堂的高潮。新式教育取代传统教育已成为必然趋势。体育也随着新式教育的传播传入中国，

---

① 王守昌. “西学东渐”对现代中国社会转型的作用 [J]. 华南师范大学学报（社会科学版），1993 (4)：1—7.

② 梁启超. 饮冰室合集：第一册 [M]. 上海：中华书局，1936：36.

学制的制定和实施在制度上确立了体育在学校教育中的地位，使得体育成为独立一科。同时，学校体育的开展促进了师范体育教育的兴起。

## 一、西方体育教学在近代中国的传播

鸦片战争前，我国社会的各级各类学校教育中，偏重德育、智育，无视体育，没有体育性质的教育内容。“子路好勇，孔子哂之，羿善射，奡荡舟，孔子笑其不得其死。后世之教育家，莫不受其影响。”[①] 虽然在唐代出现了“武举”这种选拔人才的体制，但是直至中国科举制度的废除，发展都不是很好。

鸦片战争后，西方近代制度及文化传入中国，教会学校、洋务学堂、变革的书院以及资产阶级兴办的学堂等新式学校开始在中国出现，新式教育取代传统教育已成为必然趋势，在各新式学堂中也能寻觅到一些西方近代体育的踪迹。随着“西学东渐”的文化碰撞，“蛮夷小技”的西方近代体育逐渐引起了国人的重视。因此，体育的出现从一开始就是被动输入和主动吸收两方面因素交互作用的结果。

### （一）教会学校中的体育活动

美、英各教派在中国开办了许多学校，如文华大学（1871年）、圣约翰书院（1879年）、东吴大学（1900年）、沪江大学（1906年）、齐鲁大学（1864年）、金陵大学（1888年）等，还有许多附属中学、小学。教会学校之设立，“欲使各个人委身于耶稣基督，俾上帝之国祚复建于人世，并创造一适合于基督教教

① 吴蕴瑞文集［M］. 哈尔滨：黑龙江科学技术出版社，2006：25.

义之社会制度而已。”① “教会小学最初设立之宗旨为宣传福音。以后专为教中儿童筹备一种合于教义之健全教育，俾于儿童易受感化之时期中，造成耶稣美德之基础。更进一层，更应为非教中之儿童开一入学之门，以扩充耶教之范围。”“教会学校，实尝养成多数之男女人士……今皆身膺重要之位置，于政治、教育、商业及基督教会今方发展之情况，咸大有作为。”② 帝国主义势力把来华的传教士作为文化侵略的工具。毛泽东在《中国革命和中国共产党》一文中写道：“帝国主义列强采取各种办法侵略中国。他们对于麻痹中国人民的精神一个方面，也不放松，这就是他们的文化侵略政策。传教、办医院、办学校、办报纸和吸引留学生等，就是这个侵略政策的实施。其目的，在于造就服从它们的知识干部和愚弄广大的中国人民。”③ 但从另一个侧面来看，教会学校也是中国最早理解西方科学文化的交流媒介，对中国近代教育体制的确立有着极大影响。西方传教士来华办理的教育机构和慈善机构，沟通了中西文化，自觉或不自觉地传播了西方教育制度、教学方法、教学理念等，同时带来了西方的新式体育，成为文化、教育和体育的传播者，为体育学科在中国的创建起到了桥梁作用。

教会在中国办学，从幼稚园开始，小学、中学、大学一应俱全。1840 年后，教会学校渐多，到 1875 年左右，外国人在中国办的教会学校已有约 800 所，学生近 2 万人。④ 到 1889 年，天主

---

① 中国基督教教育调查会. 中国基督教教育事业［M］. 上海：商务印书馆，1922：3.

② 中国基督教教育调查会. 中国基督教教育事业［M］. 上海：商务印书馆，1922：28.

③ 毛泽东. 中国革命和中国共产党［M］. 北京：人民出版社，1952：9.

④ 谷世权. 中国体育史：近代部分［M］. 北京：北京体育大学出版社，1989：48.

教和基督教会在中国的学校约 2000 所，学生约 4 万人。[①] 教会学校开设课程情况大同小异，主要有算术、代数、地理、历史、英文等课程，大多未设体育课程且参加的学生不多，但却有体育组织或运动代表队，有一定的运动设施，田径、球类等课外体育活动在教会学校的开展还是比较普遍的。“其时体育一学程，虽未列入正课，然提倡课外运动，主要为田径赛球类。当时参加运动者，为少数学生，多数学生均做壁上之观。”[②] 教会学校通过校内和校际体育活动，在中国传播近代体育。基督教青年会 1885 年后逐渐传入中国，其宗旨是“发扬基督精神，团结青年同志，养成完美人格，建设完美社会”，设有体育部，将篮球、排球等运动项目引入中国。“青年会和教会学校实为介绍‘现代运动’到中国，立下了一个基础。”[③] 教会学校和基督教青年会学校的体育活动，促进了西方体育运动在中国的传播，体育和体操之名开始广为流传，为随之而来的体育教学进入学校奠定了认知基础。

### （二）洋务学堂中的体育教学

在传教士带来西方教育的同时，国人也开始主动借鉴西方教育。鸦片战争失败，清政府为了抵御外侮，防范内忧，发起了洋务运动，采用了资本主义生产技术以维护自身的统治。在教育领域出现了洋务教育，兴办“西学”和派遣留学生，提出“中学为体，西学为用”的洋务教育指导思想，开创了中国近代教育的篇

---

① 李楚才．帝国主义侵华教育史资料·教会教育［M］．北京：教育科学出版社，1987：14.

② 吴蕴瑞，袁敦礼．体育原理［M］．上海：勤奋书局，1933：28.

③ 宋如海．青年会对于体育之贡献［C］//国家体委体育文史工作委员会，全国体总文史资料编审委员会．中国近代体育文选．北京：人民体育出版社，1992：268.

章。清政府1862年创办了第一所新式学堂——京师同文馆，随后相继创办了广州同文馆（1864年）、北洋水师学堂（1881年）、江南水师学堂（1890年）、广东黄埔鱼雷学堂（1886年）等一批新式洋务学堂。洋务学堂是近代中国自己创办的最早的新型学校，课程设置主要包括讲授西方近代科学知识、西语及政治方面的知识的学科，没有设置体育课程。但在军事学堂设有锻炼体力的体育课程，称为体操课。洋务派创办的第一所军事学堂为北洋水师学堂（亦称天津水师学堂），体操课也是必备课程之一，“在船”一年，应习课程有大炮、洋枪、刀剑操法，上桅接绳、用帆诸法及一切船上诸艺，将体育与应用相结合。当时在北洋水师学堂修业的王恩溥所撰《谈谈六十三年前的体育活动》介绍：“我在水师学堂读书那时候，已经开始有了外来的体育活动，当时我不是一个积极参加体育活动的爱好者。那时的体育活动内容，作为校内正式体育课程的，有击剑、刺棍、木棒、拳击、哑铃、足球、跳栏比赛、算术比赛、三足竞走、羹匙托物竞走、跳远、跳高、爬桅等项，此外还有游泳、滑冰、平台、木马、单双杠及爬山运动等，只是还没有兰（篮）球、网球等活动。”① 军事学堂大力引进和采用西洋的兵操训练，在引进的西洋兵操中，英美日兵操和德国兵操杂用。据《清史稿》载：“光绪二十二年（1896）张之洞练洋兵操队二营于湖北。聂士成于直隶驻防淮军内选练马步队三十营，仿德国营制操法。”② 1899年张之洞在对书院课程设置的改革意见中提出：“又体操一事，为习兵事者之初基，即与旧传八段锦、易筋经诸法相类，所以强固身体，增长精神，必

---

① 王恩溥. 谈谈六十三年前的体育活动［C］//中华人民共和国体育运动委员会技术委员会. 中国体育史参考资料：第三辑. 北京：人民体育出版社，1958：121—122.

② 国家体委体育文史工作委员会，中国体育史学会. 中国近代体育史［M］. 北京：北京体育学院出版社，1989：54.

不可少。”① 洋务运动期间，西方兵操的引进，虽然主观上是出于增强军事力量，挽救国家危亡，巩固政权，但在客观上使中国第一次有组织地接受了西方近代体育的内容，打破了两千多年来我国学校教育没有体育的状态，为西方近代体育在中国的传播奠定了基础，对中国学校体育具有开创性意义。

## 二、学制的颁布使体育成为独立一科

鸦片战争后，中国社会危机日益加深，国人普遍认为中国落后的根源在于教育，因而必须进行教育改革，新式教育呼之欲出。中国近代第一个官方颁定的学制“壬寅学制”于 1902 年诞生。1903 年制定《奏定学堂章程》，又称“癸卯学制”。1904 年 1 月《奏定学堂章程》正式实施，体操开始正式进入我国中小学课程，结束了中国封建学校教育中没有体育课程的历史，使近代学校体育在中国的普遍实施获得了法律支持。民国初年“壬子学制”的颁布和实施提升了体育教学的层次。1922 年“壬戌学制”的颁布和实施，实现了从“体操”到“体育”的飞跃。这些重要学制的颁布和实施，从制度上保证了学校体育的发展。

### （一）清末“壬寅学制”和“癸卯学制”确立了体育的合法地位

甲午战败震醒国人，有识之士开始反省，意识到富国强兵要靠人才，而人才的培养关键在学校，中国近代教育必须改革。维新派认为：“国势之强弱，系乎人才；人才之消长，存乎学校。”② 开始重视学习国外的教育制度，正如蔡元培所说：“我国

---

① 张之洞．札两湖、经心、江汉三书院改定课程［C］//张之洞全集：第五册．石家庄：河北人民出版社，2003：3747.

② 汤志钧．戊戌变法史［M］．北京：人民出版社，1984：272.

输入欧化，六十年矣。始而造兵，继而练军，继而变法，最后乃知教育之必要。”[①] 国人再次认识到教育的重要性，认为废科举，兴办学校，培养维新人才，是国家强盛的唯一根本措施。只有兴办学校，学习西方的自然科学和社会政治学说，才能培养经世致用的人才，才是真正的“救亡之道”“自强之道”。这可以说是近代教育改革的动因。

1901 年，清政府开始实行“新政”，主张废除科举，兴办学校，试图建立资本主义的教育制度。清政府派高级学务官绅出洋考察，在选择借鉴欧美还是日本经验时，选择了主要学习近邻日本，因为“欧美各国，道远费重，即不能多往，而日本则断不可不到”[②]。其考察重点在教育制度、教育宗旨等大政方针方面，日本体操强身健体的功能引起了国人强烈的兴趣。学务官绅考察归来后，在教育上进行了改革，开办近代式的学校。在体育方面主要学习日本体操，从此拉开了清末学习日本体操的序幕。

1902 年，清政府颁布“壬寅学制”，具体包含《钦定蒙学堂章程》《钦定小学堂章程》《钦定中学堂章程》。其中蒙学堂体操课规定的学习内容为队列、简易体操，教育的宗旨是向儿童传授基本知识，养护身体。中学堂体操课学习的内容为器械体操和兵式体操，教育的宗旨是在小学毕业的基础上进一步加深学习，为升入上一级学校打好基础。《钦定京师大学堂章程》规定师范馆的课程表为：“伦理第一，经学第二，教育学第三，习字第四，作文第五，算学第六，中外史学第七，中外舆地第八，博物第九，物理第十，化学第十一，外国文第十二，图画第十三，体操第十四。”[③] 章程把体操明确定为第十四门课程，而且规定体操

---

① 高平叔. 蔡元培全集：第 3 卷［M］. 北京：中华书局，1984：312.

② 田正平，霍益平. 游学日本热潮与清末教育［C］//中华书局编辑部. 文史：第三十辑. 北京：中华书局，1984：164.

③ 张百熙. 张百熙集［M］. 长沙：岳麓书社，2008：124.

课程时间为四年，第一、二年为器具操，第三、四年为兵式，并授以教体操之秩序方法。至于体操教材，章程规定体操等各科“均用译出课本”。[①] “壬寅学制”首次确定了体操科在学校课程中的合法地位，突破了我国“重文轻武”的传统教育，但由于种种原因，该学制并未实施。

1903 年，清政府进行了“废科举，兴学堂”的教育改革。清政府借鉴日本学制，模仿性地移植了日本的师范教育制度。1904 年 1 月，清政府颁布了由张之洞、张百熙、荣庆等拟定的《奏定学堂章程》。《奏定学堂章程》包括初等小学堂、高等小学堂、中学堂、高等学堂、大学堂、初级师范学堂、优级师范学堂等十一个章程。该章程仿效日本学制，在师范教育、学校教育等方面都带有深深的“日式”烙印。其学校体系由纵向的初等教育、中等教育、高等教育及横向的师范学堂、实业学堂、实业补习普通学堂和艺徒学堂组成。因其制定于 1903 年，故又被称为“癸卯学制”。该章程是中国近代第一个以教育法令公布并在全国实行的新教育学制，使师范教育在学制上得到了认可，正式设置独立的师范学堂。该章程对学校系统、课程设置、学校管理等都做了具体规定，规定了从小学到大学的完整学制体系，“更以其实际设科的内容，肯定了官学系统正式向西方学科体制转化的事实”。[②] 由此，结束了中国几千年来教育无章程、教学无体系的状态，确立了中国近代教育制度的初步框架，奠定了中国现代教育的基础。

该章程的《学务纲要》规定，“各学堂一律练习兵操，以肄武事”，将“体操科”列为正式课程，明确规定各级各类学校均

① 张百熙．张百熙集［M］．长沙：岳麓书社，2008：124．

② 刘龙心．学术与制度：学科体制与现代中国史学的建立［M］．台北：远流出版事业股份有限公司，2002：276．

需要开设体操科和兵式体操。小学堂每周三小时，中等学堂二小时，高等学堂三小时（另有兵学一小时）。学龄前幼儿教育以游戏为主；初等小学堂开设有益的运动及游戏兼普通体操；高等小学堂除普通体操、有益的运动外，加兵式体操；中等学堂和师范学堂授以普通体操和兵式体操，讲求“实用”；高等学堂亦习兵式体操和普通体操。确立了体育在各类科目中的同等地位。其中普通体操是从日本传入中国的。该章程不仅规定了体育课程的必修地位，还“详细规定了体操课程的教学内容和教学方法，称为‘学科分科教学法’”，全国“初步普遍地在学校中实施了近代体育”。西方近代体育由军队走进学校，结束了中国封建学校教育中没有体育课程的历史。清末“壬寅学制”和“癸卯学制”在法律上基本体现了我国传统教育向近代教育的转变，使近代体育在中国的普遍实施获得了法律支持，也是中国近代体育教学的真正起步，确立了体育在学校教育中的地位，使体育在形式上成为独立一科。

### （二）民国初年的“壬子学制”和“癸丑学制”提升了体育教学的层次

西方教育的引进，加快了清王朝的灭亡。1911 年 10 月爆发的资产阶级领导的辛亥革命推翻了清王朝的统治。1912 年元旦，中华民国成立，标志着传统封建帝制的崩溃，结束了中国两千多年的封建专制制度。时任教务总长的蔡元培对清政府的教育宗旨进行了批判，提出了“五育并举”的教育宗旨，结合欧美学制进行教育改革。1912 年 1 月 19 日，教育部颁布了《普通教育暂行办法》和《普通教育暂行课程标准》两个重要教育法令。《普通教育暂行办法》做出了一系列反封建的有关资产阶级教育的改革。如将“学堂”改为“学校”，“堂长（监督）”改为“校长”，学制有所缩短，规定男女受教育机会平等，取消清末为贵族设立的贵胄学堂，取消封建的尊孔尚孔的思想，同时取消封建的以四书五经为主的学习内容等。这在一定意义上体现了较为科学的资产阶级的民主科学思想。《普通教育暂行课程标准》对小学、中学、师范等各类学校的课程设置、各学年讲授科目及各科目每周的教学时数等做了明确规定。这些教学内容，一反清朝末期“中体西用”的局限，增加了有关自然科学的课程。这两个教育法令为后来的教育改革奠定了基础。

1912 年 9 月 3 日，教育部正式颁布《学校系统令》，初步建立了民国学制系统的结构框架。因为 1912 年为农历壬子年，这个学制又称为“壬子学制”。这个学制规定新教育的宗旨是：“注重道德教育，以实利教育、军国民教育辅之，更以美感教育完成其道德。”① 为充实学制各个系部，1912 年 10 月，教育部又陆续颁布了《小学校令》《中学校令》《师范教育令》《专门学校令》《师范学校规程》《大学令》等各种校令、规程。各级学校令对各级学校教育的教育宗旨、学校设置、教学科目及编制、设备、就学、职员、经费及学费等都做了规定。因其与“壬子学制”并不完全一致，于是加以综合，确定为一个统一的学制系统，即“壬子—癸丑学制”。

该学制对体育课程做了专门规定。教育部在颁布的各级学校令中，规定了学校体操对不同年龄段的学生有不同的要求，包括时间和内容的规定。《小学校令》规定，初小设七门课程，其中包括体操课，每周三至四小时；高小每周三小时。初等小学宜授以适宜之游戏，渐加普通体操。高等小学宜授普通体操，切时令游戏，男生加授兵式体操。视地方情形，得以在体操教授时间或时间之外，授适宜之户外运动或游戏。《中学校令》规定，中学开设十三门课程，其中包括体操课，男生每周三小时，女生每周

① 毛礼锐. 中国教育史简编［M］. 北京：教育科学出版社，1984：459.

二小时，“分普通体操、兵式体操二种，兵式体操尤宜注意”。①《师范学校规程》和《师范教育令》规定，师范学校以造就小学教员为目的。在教养学生要旨中提出，“健全之精神寓于健全之身体，故宜使学生谨于摄生，勤于体育”。规定“在体操教授时间或时间之外，授适宜之户外运动或游泳”，还引进了“非体操的近代欧美体育性质的内容”，并注重学习“教授法”。②

总之，“壬子—癸丑学制”继承了清末学制的合理性，批判和改造了它的不合理性，体现了资产阶级民主科学的教育思想，与清朝末年相比有了很大的进步。在体育方面，由于国民政府当时所处的国内外形势，仍然保留有军国民教育思想，沿袭清末的体操课，高等小学以上的体操科仍以兵式体操和普通体操为主，但相比清末进步很多，增加了户外运动、游戏等非兵操内容，以及中国的传统武术。特别是对师范生体育的教学中重视学习“教授法”，对体育教学的正规化起到了积极的推动作用。

### （三）1922 年的“壬戌学制”增强了体育教学的科学性

中华民国成立后，民主共和的观念逐渐深入人心。受过西方教育的“新式知识分子”高举“民主”与“科学”两面大旗，倡导新文化运动。新文化运动迎来了中国思想界空前活跃的新时代，西方有关教育的理论、制度被大量引进。同时，在新文化运动前后，随着美国教育家来华讲学，大批留学生归国服务，民主与科学思想更加深入人心。而“壬子—癸丑学制”因制定得过于仓促，存在先天不足，在实施过程中其局限性日益显露。如

① 陈学恂. 中国近代教育史教学参考资料［M］. 北京：人民教育出版社，1987：168－175.

② 苏竞存. 中国近代学校体育史［M］. 北京：人民体育出版社，1994：78.

1919年，顾树森认为现行教育有四大缺点：过重划一，不考虑各省情况，缺乏变通余地，致使地方办学动辄得咎；仿效日本，故其君主立宪精神不仅不符合世界趋势和中国国情，也不符合培养共和国民的政治要求；学校各阶段之间学科衔接不科学，重复之处太多；正系多而旁系少，职业教育尤为不足，致使整个学制既脱离社会现实，又落后于社会需要。① 受军国民教育的影响，清末民初的学校体育课非常呆板、枯燥，“体操”课除了机械的徒手体操、器械体操外，多半是“稍息”“立正”“托枪”之类的兵式体操。毛泽东在《体育之研究》中指出：“教者发令，学者强应，身顺而心违，精神受无量之痛苦，精神苦而身亦苦矣。盖一体操之终，未有不貌瘁神伤者也。”② 这种体育违背学生自身特点，不受学生家长欢迎，受到一些进步人士的批判。1919年10月“全国教育联合会第五次会议”认为，以兵式体操为主的学校体育已不合乎世界大势和教育之潮流，“学校体育自应加以改进”。会议通过了针对当时学校体育的一些弊端提出的《改进学校体育案》。人们对现行的教育制度日益不满，希冀对原有教育制度进行改革，建立一个符合国际教育趋势，适应社会需求的新学制，促进教育发展。

1922年11月，教育部公布了《学校系统改革令》。1922年是壬戌年，因此这个学制被称为“壬戌学制”。这个学制以美国实用主义教育思想为指导，采用美国的“六三三”制，即小学六年、初中三年、高中三年。该学制废除了旧的教育学制，规定了新的教育方针，即教育必须：适应社会发展的需要；发挥平民教育精神；谋个性之发展；注意国民经济力；注意生活教育；使教

① 谢长法. 借鉴与融合：留美学生抗战前教育活动研究［M］. 石家庄：河北教育出版社，2001：100.

② 毛泽东. 体育之研究［J］. 新青年，1917（3）.

育易于普及；多留给地方伸缩余地。[①] 该教育标准体现了新文化倡导的民主与科学精神。这次教育内容的改革，就是我国学校教育从过去学习日本转为仿效美国，体育也是如此。“壬戌学制”规定，学校体育是锻炼身体的方法、生理保健与卫生养护的结合，这为学校体育科学化奠定了基础。体育课内容完全废除兵操，以田径、球类、游戏、体操为主要内容。体育教学内容的改变，打破了过去体操科与体育课外活动“双轨”运行的局面，使体育课与体育课外活动的内容一致，丰富了体育教学的内容。体育教学在教学方法上推行“三段教学法”，即将一节课分为初段的准备运动部分、中段基本的主运动部分和后段的整理部分。此教学法比较符合学生的生理规律，有一定的科学性，为后来的体育教学法奠定了基础，是学校体育教学中至今仍广泛采用的教学组织形式。

“壬戌学制”和《新学制课程标准纲要》正式把“体操科”改名“体育科”，废除了学校兵操。新学制课程标准确立了体育课在各级学校教育中的比例：小学体育课程占总学时的 10%；初中体育课程为 16 学分（半年内每周上课 1 小时为 1 学分，内含生理卫生 4 学分），约占必修课总学分（164 学分）的 9.8%；高中体育课程为 10 学分（含卫生法、健身法），约占公共必修课总学分（64 学分）的 15.6%，约占毕业总学分定额（150 学分）的 6.7%。[②] 以田径、球类、游戏和普通体操等项目为体育课的主要内容。从此，兵操和普通体操逐渐消失，我国的体育课逐渐以田径、球类、游戏等生动活泼的运动方式为主，体育的内容越来越丰富，功能也越来越齐全，扩大了学校体育教学内容，并为

① 课程教材研究所. 20 世纪中国中小学课程标准・教学大纲汇编：课程（教学）计划卷［M］. 北京：人民教育出版社，2001：105.

② 王华倬. 中国近现代体育课程史论［M］. 北京：高等教育出版社，2004：84.

学校体育改革指明了方向，实现了我国近代学校体育内容和形式重大的历史转折，是一次飞跃性发展，体育自此走上科学化方向。该学制一直持续到 1949 年新中国成立。在经历了三个学制的演变后，近代体育从体育课程的开设发展到体育专修科的设置，我国学校体育的发展又进入了一个新的历史阶段。

## 三、师资匮乏促进体育师范教育兴起

中日甲午战争后，中国开始重视师范教育，师范学校兴起。一方面，国人的民族意识觉醒。国人普遍意识到国富民强要靠人才，人才培养的关键在学校，认为中国落后的根源在于教育，因而必须进行教育改革。蔡元培说："我国输入欧化，六十年矣，始而造兵，继而练军，继而变法，最后乃知教育之必要。"① 1898 年康有为在《请开学校折》中指出："近者日本胜我，亦非其将相士兵能胜我也，其国遍设各学，才艺足用，实能胜我也。"② 梁启超在《变法通议》中倡议："故欲革旧习，兴智学，必以立师范学堂为第一要义。"③ 借鉴国外的教育制度，对我国的教育进行改革，废科举，创办新式学校成为国人的共识。另一方面，大批新式学校在中国出现。1904 年清廷废止科举之诏颁布前一年，全国学堂总数为 4222 所；1906 年废止科举之诏颁布一年后，学堂总数猛增至 19830 所。④ 教育改革催生了大量新式学校，需要大量的新式教师，国内急需受过专门训练的合格教

① 高平叔．蔡元培全集：第三卷［M］．北京：中华书局，1984：233—234．

② 陈学恂．中国近代教育文选［M］．北京：人民教育出版社，1983：109．

③ 梁启超．饮冰室合集：第一册［M］．上海：中华书局，1954：36．

④ 田正平．中国教育史研究：近代史分卷［M］．上海：华东师范大学出版社，2001：142．

师。“学堂开设之初，欲求教员，最重师范”①，“促使国人在引入和研究日本师范教育的基础上创立教学论学科”②。从此，教师专业化和体育师资的培养也受到重视。

### （一）体育师资培养的制度保障

中国近代师范教育始于1897年盛宣怀创办的上海南洋公学师范院，其学习内容是“视西国师范学校肄习师范教育管理学校之法”③，学习目的在于“其宗旨是造就师资，以推广新教育”④。1902年，《钦定学堂章程》附设速成科，规定成立“师范馆”，“师范馆”学员程度等同于大学预科。这是我国高等教育的开始。1904年清廷颁布的《奏定学堂章程》中，师范馆先改为优级师范科，再改为优级师范学堂。师范教育作为一个相对独立的系统，师范学堂分为初级师范学堂和优级师范学堂。《学务纲领》中针对办师范学堂的目的指出：“师范学堂，意在使全国中小学堂，各有师资。此为各项学堂之本源，兴学人手之第一义。”⑤办学堂必须首先办师范学堂，因为“此时大学堂、高等学堂、省城之普通学堂，犹可聘东西各国教员为师。若各州县小学堂及外府中学堂，安能聘许多之外国教员乎？此时惟有急设各师范学堂，初级师范以教初等小学及高等小学之学生，优级师范以教中学堂之学生及初级师范学堂之师范生。”⑥ 对于师范学校的体育

---

① 琚鑫圭，童富勇，张守智. 中国近代教育史资料汇编：实业教育　师范教育［G］. 上海：上海教育出版社，1994：567.

② 肖菊梅. 学术史视野中的近代中国大学教学论学科［J］. 高等教育研究，2016，37（7）：45—53.

③ 朱有瓛. 中国近代学科史料：第一辑　下册［M］. 上海：华东师范大学出版社，1986：983—984.

④ 肖朗，项建英. 学术史视野中的近代中国大学教育学科［J］. 社会科学战线，2009（9）：200—207.

⑤ 张百熙. 张百熙集［M］. 长沙：岳麓书社，2008：40.

⑥ 张百熙. 张百熙集［M］. 长沙：岳麓书社，2008：40.

教材，除规定在五年级时，要求除授普通体操和兵式体操外，“兼授体操之次序法则”[①]，其他完全与中学相同。《奏定学堂章程》的颁布使得“师范教育”独立设置，教育科“成为师范学堂之主要科目，师范生不谙教育，即使通晓各科学，将来绝不能应用，故部章所规定之教育科授课时间，万不能减少”。[②] 教育部在1912年颁布的《师范学校规程》和1913年颁布的《高等师范学校规程》中规定，师范学校以造就小学教员为目的，均规定教育学科中包含教授法。1922年颁布的“新学制”将师范教育分为师范讲习所、高中师范科、后期师范学校、师范学校、师范专修科、师范大学，提高了高师程度。师范教育以造就合格的中等学校师资为主要教学任务，确立了教师培训的专业取向。师范教育体制的确立及新式学堂对各级教师的要求，为体育师资培养机构的建立提供了制度基础，加速了师范学堂的建立和发展。

### （二）体育师培机构的多元设置

1904年，清政府颁布了《奏定学堂章程》，明确规定各级各类学校均需要开设体操科和兵式体操。如小学生人数1902年仅有8590人，1903年达22866人，1904年达85213人，到1909年已达1469412人。到1912年全国已有各级学堂8万余所，其中小学5632所，中学532所，高等学堂122所，学生总数达2933357人。[③] 大批新式学校的出现，需要大批的体育师资，体育教师的配备是当时亟待解决的重要问题。当时的体操教师，一部分是留学日本学过体育的专业体育教师，一部分是师范学校的

① 成都体育学院体育史研究所．中国近代体育史资料［M］．成都：四川教育出版社，1988：159．

② 琚鑫圭，童富勇，张守智．中国近代教育史资料：实业教育　师范教育［G］．上海：上海教育出版社，1994：612．

③ 钟瑞秋．学校体育史［M］．上海：上海体育学院，1995：122－127．

毕业生，大部分是军队退役的下级军官。然而，这些军人大都没有体育专门学识，只不过在军队中习练过兵操，有一点普通军事知识，根本不懂普通体操，远未达到专业化要求。[①] 大量新学堂的开设和学生人数的剧增，造成体育师资奇缺，促进了体育师资的培养。

1. 体操专修科和短期培训班

1904 年颁布的《奏定学堂章程》要求全国各地的新式学堂都必须开设体育课程。教育的扩充和运动竞赛的发展，引发了社会对体育教师的大量需求。最初学习西方和日本设置的课程，体育教学内容以兵式体操为主，以致各级体育教学内容“既无初等、高等之区别，复无小学中学之特殊”[②]，且没有专职的体育教师——体育教师多是由退役军人担任，在教学中毫无教学法可言，完全是军队训练的方法，结果导致“一般无知识无道德之营弁之兵士，竟一跃而为教师。品类不齐，非驴非马。既不识教授为何物，又不知学校为何地。酗酒狂赌，好勇斗狠，无所不为。不一年，学校之名誉扫地，社会之信仰尽失，学生父兄多仇视体操一科”[③]。体操科的教学状况引起社会各方面的强烈不满，培养体育师资成为当务之急，“学校体操以后之改良办法，非亟组织一专门学校，造有学识之师资，传播于各省各地不可”[④]。为此，一些地区开办了培养体育师资的体操专修科和短期培训班，如大通师范学堂（1905 年，仅设体育专修科）、江苏两级师范专修科（1905 年）。1906 年，学部通令全国师范学堂开办“附设五

① 国家体委体育文史工作委员会，中国体育史学会. 中国近代体育史 [M]. 北京：北京体育大学出版社，1989：73.

② 学部为邓莹诗呈请设立体操学堂劄，1907.

③ 徐一冰. 20 年来之体操谈 [C] //中国近代体育文选. 北京：人民体育出版社，1992：109.

④ 徐一冰. 20 年来之体操谈 [C] //中国近代体育文选. 北京：人民体育出版社，1992：109−110.

个月毕业之体操专修科，授予体操、游戏、教育、生理、教授法等，以养成小学体操教习”① 的专门培养体育师资的体操专修科或体育学堂。此通令加速了体育师范教育的发展，一批培养体育师资的专门学校或相关专业陆续开办，如云南体操专修科（1906年）、成都高等学堂附设体育学堂（1906 年）、四川体育专科学校（1907 年）、四川王氏树人学堂体操科（1907 年）、中国体操学校（1907 年）等。② 这些公立或私立的培训机构，开创了以较规范的专门机构培养专业体育师资的先河，为培养中国近代体育师资打下了最初的基础。

2. 体育师范学校或师范学校体育师范科

各省市设立体育师范学校培养小学体育师资，而小学体育师资的培养，“仅于师范学校内，设置体操科目，以为训练小学体育师资之备”③。1904 年颁布的《奏定学堂章程》规定初级师范学堂为五年制，每周教授体操两小时。1907 年颁布的《女子师范学堂章程》规定女子师范学堂为四年制，每周教授体操两小时。1912 年颁布的《师范学校规程》规定师范学校为四年制，男子师范学校每周教授体操四小时，女子师范学校前三年为三小时，第四学年为两小时。1942 年公布《修正体育师范学校教学科目》，次年 9 月又公布《师范学校体育课程标准》《简易师范学校体育课程标准》，规定师范学校第一、二学年各学期，每周正课三小时，以一小时教授学科，两小时教授术科。简易师范学校第一学年各学期及第二年第一学期，每周正课三小时，教授术

① 成都体育学院体育史研究所. 中国近代体育史资料［M］. 成都：四川教育出版社，1988.

② 中国近代体育史编写组. 中国近代体育史［M］. 北京：人民体育出版社，1985：38.

③ 吴蕴瑞. 体育师资培养（一）［C］//国家体委体育文史工作委员会. 中国近代体育文选. 北京：人民体育出版社，1992：285.

科；第二学年第二学期及第三学年各学期，每周正课三小时，以一小时教授学科，两小时教授术科；第四学年各学期，每周正课两小时，必要时得于正课内举行中心国民学校、国民学校体育教学之实习，俾将来担任体育教学时，有教学之技能。[①] 规定除讲授术科外，同时讲授体育学科，着重于体育教材教法，重视实习，使每一师范毕业生均有担任小学体育之能力。这些体育师范学校或师范学校体育师范科重视对学生师范能力的培养，培养的小学体育师资，在一定程度上缓解了学校对体育师资的需求，是培养体育师资的又一专业机构。

3. 师范学校或综合大学体育专修科（系）

体育专科学校师范学院体育系及体育专修班，皆为中等学校体育师资的主要来源。这要求体育教师不单单要有熟练的体育技能，还要通晓教育学、心理学、生理学等各学科知识。麦克乐指出，在教育界中，应当养成有学识的、有资格的、有高尚理想的体育专家。绝对的必须学习体育教授法和体育一切底教材。并且也得兼习体育根本的科学，如生物学、教育心理学和种种属于教育的科学。有这样的人，才可以成为一个体育专家，才能以使学者得着益处。[②] 学校体育对体育教师提出了更高的要求，因此，必须有专门的体育机构来系统培养专门的体育师资。

1915 年 12 月，南京高等师范学校创立了体育专修科，开设此科是为解决“教员难得、方法不完”的问题，招收高中毕业生，学习体育专业三年至四年不等。1916 年春季开始招生，首批招生 23 人。此举为全国首创。聘请麦克乐兼任科主任。体育专修科课程分为学科和术科两个部分。学科课程主要传授体育相

① 吴蕴瑞. 体育师资培养（一）［C］//国家体委体育文史工作委员会. 中国近代体育文选. 北京：人民体育出版社，1992：285—286.

② 麦克乐. 新体育观［C］//国家体委体育文史工作委员会. 中国近代体育文选. 北京：人民体育出版社，1992：69.

关理论知识和公共课，如生理学、体育管理、国文、伦理；术科课程为各种体育项目，如兵式体操、器械体操、田径运动。1929年9月起，体育专修科改为体育科，修业年限四年，与大学本科年限相同，开设七个学程。[①] 1949年南京解放后，国立中央大学改名南京大学，下属的师范学院设立有体育系等五个系和体育专修科等两个专修科。1952年，南京大学体育系与其他一些学校的体育系科合并成立华东体育学院。该校名师荟萃，陶行知、郭秉文、陈鹤琴、柳诒徵、麦克乐等都曾在此任教。南京高等师范学校先后更名为东南大学和中央大学，但体育科一直连续招生，直到50年代初期院系调整时止，是民国时期非常著名的大学。该校"以养成中等以上各学校、地方公共体育场体育主任及管理员为宗旨""尊重本国文化""认识西方文化""切实研究科学"[②]的精神反映了该校中西平衡的教育文化特色，"为我国正规培养中等以上体育专业人才之高等院校的首创"[③]，开创了我国近代体育专业教育的历史篇章。

1916年创建的北京高等师范学校，专注于为中学校和普通师范学校培养体育师资，以"养成完全体育教员"为宗旨[④]。北京高等师范学校模仿日本东京高等师范学校建立，初期大部分教师都有留日经历，所以军国民思想在该校有重要影响。南京高等师范学校和北京高等师范学校相继成立了体育专修科，这标志着

---

① 王德滋．南京大学百年史［M］．南京：南京师范大学出版社，2002：141.

② 许小青．政局与学府：从东南大学到中央大学（1919—1937）［M］．北京：中国社会科学出版社，2009：23.

③ 徐镳．南京高等师范、国立东南大学、国立中央大学体育系简史［C］//国家体委体育文史工作委员会，全国体总文史资料编审委员会．中国近代体育文选．北京：人民体育出版社，1992：305.

④ 陈宝泉．退思斋诗文存［M］．天津：天津古籍出版社，1933：37.

我国建制体育专业人才培养的确立。[1] 随后，在上海等地又成立了体育专科学校。各体育专科学校以培养体育教师为宗旨，要求学生抱有献身体育的决心，最大限度地汲取体育技能与体育知识，为社会服务，为人之表率，为建设祖国、振兴中华而奋斗。[2] 此时主要有私立南京体育师范学校（1919 年创办）、四川省立成都高师体育专修科（1920 年创办）、私立上海两江女子体育师范学校（1921 年创办）、私立金陵女子文理学院体育科（1921 年创办）、南京公共体育场附属体育专门学校（1922 年创办）、奉天私立体育专科学校（1924 年创办）、国立成都大学体育系（1925 年创办）、私立西南体育专门学校（1925 年创办）、私立华东体育专科学校（1926 年创办）、私立上海中国体育学校（1927 年创办）等。[3] 这些学校、学科大部分属私立性质，且集中在江浙一带，反映了当时体育发展的不平衡。

体育专科学校的创办为体育资质的培养提供了平台，不仅缓解了新式中小学对体育师资的需求，还为我国培养了一大批优秀体育师资和管理人员，最具代表性的人物是 1924 年毕业于东南大学体育系的吴蕴瑞。他是中国体育理论研究的奠基人，中国现代体育教育事业的开拓者，对中国近现代体育的发展起到了重要的推动作用。为解决我国高水平体育专家不足的问题，1923 年，吴蕴瑞、邵汝干提出《各省增设留学体育学名额案》，敦促政府选派出体育留学生出国深造，促进了近代体育人才的培养。

---

① 黄汉升，陈作松，王家宏，等. 我国体育学类本科专业人才培养研究——《高等学校体育学类本科专业教学质量国家标准》研制与解读［J］. 体育科学，2016，36（8）：30—33.

② 刘礼文. 民国早期大学训育研究（1912—1927）［D］. 南京：南京邮电大学，2014.

③ 《中国近代体育史》编写组. 中国近代体育史［M］. 北京：人民体育出版社，1985：91.

4．基督教青年会体育专门学校

为了培养体育干事，1908 年上海基督教青年会干事、美国人埃克斯纳创建于上海。原名“上海青年会体育干事训练班”。1917 年更名，改称“中华全国基督教青年会体育专门学校”，学制初为两年，后改为四年。前两年开设生理学、解剖学、运动技术等课程，后两年开设心理学、教育学、卫生学等课程。历届毕业学员多派往各地青年会任干事，或到大学、中学校任教，少数派往美国留学。① 此外，青年会还开办了东南女子体育师范学校等。

北京青年会调集北京、天津、济南、沈阳等地青年会体育干事来京，教授体育知识，提高体育工作水平，每期十人以内，为期一年。负责训练班工作的人员有富博思、董守义、马约翰、许明辉等，他们具有较高的理论水平和运动技能。此训练班曾举办多期，1937 年后终止。② 教会学校都积极提倡英美体育，主要开展田径和球类活动，并经常举行体育竞赛，开运动会，成为我国各级学校模仿的对象。

教会学校的师资配备和场地设施都是一流的。教会学校中的师资大多来自国外，受过专业的训练，有着较高的专业素养。基督教青年会举办的训练班参加人数虽少，但他们是我国早期接受西方体育专业训练的人，对我国培养体育人才和促进体育发展起到了很大作用。最具代表性的人物是张汇兰，她是上海基督教会女青年会体育学校第二届毕业生，后被该校选派赴美留学。张汇

① 学校体育大辞典编委会．学校体育大辞典［M］．武汉：武汉工业大学出版社，1994：787．

② 陈维麟．北京基督教青年会的体育活动简况［C］//国家体委体育文史工作委员会．中国近代体育文选．北京：人民体育出版社，1992：271．

兰是基督教会女青年会系统培养的体育专业师资之一[①]，对推动我国体育发展，尤其是女性体育专业人才培养和促进女性体育发展等产生了极大的影响。

民国体育师资培养机构虽然较多，但由于当时的体育师资培训多采用速成方式，培训时间短，质量普遍不高，招收的学生也不多，无法满足全国各级学校对体育教师的需求。

### （三）体育师培课程的设置变化

1. 清末仿效日本设置体育师资培养课程

在军国民教育思想的影响下，提倡“尚武”教育，体操科由军队进入学校。近代学校体育学习西方体育的目的为练兵，以“务使举国之人，皆具军国民之资格”[②]。在《奏定学堂章程》中，学科阶段的课程规定有体操，包括器具体操、兵式体操及教授体操之秩序方法。《奏定学堂章程》对体操内容做出规定：中学堂以上体操宜讲实用，其普通体操先教以准备法、矫正术、徒手哑铃等体操，再进则教以球杆、棍棒等体操。其兵式体操先教单人教练、柔软体操、小队教练及器械体操，再进则更教中队教练、枪剑术、野外演习及兵学大意。凡教体操者，务使规律肃静，体势整齐，意气充实，运动灵活；并可视地方之情形，若系水乡，并应使练习水泳。师范生之体操以兵式体操为主。[③] 从章程规定的内容看，虽有普通体操、兵操及其他运动项目，但均以兵式体操为主。这也极大地影响了体育师资培养课程的设置，各类体育师资培训机构的术科中也多以兵式体操为主（见表1－1）。

---

① 崔乐泉，杨向东．中国体育思想史：近代卷［M］．北京：首都师范大学出版社，2008：232－233.

② 洪治纲．梁启超经典文存［M］．上海：上海大学出版社，2003：62.

③ 李友芝，李春年，柳传欣，等．中国近现代师范教育史资料：第一册［M］．北京：北京师范大学出版社，1990：23－24.

表 1—1 部分体操教师培养机构课程设置情况

| 机构名称 | 课程设置 |
|---|---|
| 江苏优级师范学堂体操科（1903 年） | 连续体操（旧式德国体操，包括哑铃、球竿、木环、棍棒等）、各个体操（旧式瑞典体操）、兵式操、器械操、田径、游戏、舞蹈等 |
| 大通师范学堂体操专修科（1905 年） | 术科主要是兵式体操和器械体操<br>学科主要有国语、英文、日文、史地、教育、伦理、美术、生物等 |
| 四川体育专门学堂（1906 年） | 瑞典体操、普通体操、木棒、哑铃、球竿等，单杠、双杠、木马、舞蹈、足球、兵式体操、国文、数学、生理卫生、修身、图画、音乐等 |
| 成都体育学院（1907 年） | 瑞典体操、普通体操、兵式体操、游戏体操、射击、刺刀、拳击术、器械术等，修身、教育、生理卫生、心理、国文、兵学、体育学、算学、图画、社会学等 |
| 重庆体育学堂（1908 年） | 体育学、徒手体操、器械体操（木马、哑铃、球竿、单杠、平台、天桥等）、兵式体操、教育学、生理学、游戏、体操、唱歌等 |
| 中国体操学校（1907 年） | 学科：伦理学、教育学、体育学、兵学、国文、生理学、急救法、音乐等<br>术科：兵式体操、器械、教练、瑞典体操、普通徒手体操、哑铃、球竿、棍棒、木环、应用操、游戏竞技、射击术、拳术、武器等 |

资料来源：①学校体育大辞典编委会．学校体育大辞典［M］．武汉：武汉工业大学出版社，1994：786—878.

②吴文忠．中国体育发展史［M］．台北：三民书局，1982：378.

江苏优级师范学堂体操科是中国最早的高等学校体育系（科）。1905 年，江苏师范学堂增设体操专修科，聘请日本人高田仪太郎为主任，修业期限一年，培养中小学及师范学校的体操教习。术科课程设有德国体操、普通体操、瑞典体操、兵式体操、田径、游戏等。

大通师范学堂由留学日本的徐锡麟、陶成章在 1905 年创办于浙江绍兴。陶成章还为学堂制定了章程，规定“凡本学堂卒业者，即受本学校办事人之节制；本学校学生，成为光复会会友”[①]。该学堂实际上是集聚和培训革命武装力量的军事学校，设有体操专修科，实行有组织的军事体育训练，开设的主要课程是兵式体操和器械体操，酌情兼授国语、教育等课程。学员学习6个月后毕业，由清廷发给文凭。1907年2月改名为“大通体育学堂”。

重庆体育学堂是1908年由四川同盟会创办的体育学校。该学堂名义上是陆军学堂的预科，培养体操教员，实际上组织革命党人进行军事体育训练。学制分一年和一年半两种，每年招生一次，名额百余人。体操教员中不少人曾留学日本，开设的课程有体育学、教育学、生理学和徒手体操、器械体操、兵式体操等。该学堂在教学中特别重视军事操练和革命思想教育。[②]

中国体操学校1907年由留日学生徐一冰创办于上海，以“提倡正当体育，发挥全国尚武精神，养成完全体操教师，以备教育界专门人才”为办学宗旨。该校有较完备的规章制度，学制分为本科（一年半）、选科（无年限）两种。课程有国文、教育学、体育学、生理学等学科课程，以及瑞典体操、兵式体操、射击术、拳术等术科课程，所用教材多为日本教材翻译而来。至1927年停办，该学堂为我国培养出了许多体育教育家。

这些体育专门学校多为留日学生创办，引进日本体育师范教育方式，体育师资培养课程分为学科和术科，设置的教育学、心理学等教育类学科课程也与当时日本师范教育课程一致，术科教学内容大多以普通体操和兵式体操为主要内容，教师主要是聘请日本体育专门学校高等本科毕业生及师范毕业生。它们为小学、初中提供了不少体育师资，对体育师资的培养做出过较大贡献。

① 徐和雍．徐锡麟［M］．合肥：安徽教育出版社，1983：49－50．

② 学校体育大辞典编委会．学校体育大辞典［M］．武汉：武汉工业大学出版社，1994：787．

由于清末新学制基本模仿日本学制，清末体育师资培养的学制、课程设置、教员选择等都带有日式印记，体现了当时的军国民教育思想。

2. 民初体育师资培养的课程设置兼收并蓄

1912年由于新学制的颁布，对学校体育课程做了专门规定，体育教学内容除原有的兵式体操外，增加了户外运动、游戏等非兵式体操性质的内容。这些中小学体育教学内容的变化也推动体育专业教育课程设置发生了变化（见表1－2）。

**表1－2　南高师和北高师第一届体育专修科课程**

| 学　校 | 课　程 |
| --- | --- |
| 南京高等师范学校体育专修科（1916年） | 学科：伦理、国文、英文、生物学、生理学、运动生理学、解剖学、解剖术、组织学、人体测量学、急救术、个人卫生、公共卫生、心理学、教育史、教育原理、体育史、体育哲理、体育管理、体育教学法、体育之建筑及设备、游戏运动及游戏运动场、身体检查法、个人运动之选配、社会学、音乐、兵学等<br>术科：走步、柔软行动操、游戏舞蹈、柔软体操、器械体操、游戏、活泼器械操、垫上运动、相搏运动、中西技击、中西拳术、田径赛运动、兵式体操等 |
| 北京高等师范学校体育专修科（1917年） | 学科：伦理、国文、英文、心理学、教育学、体育学、生理卫生、军事学、音乐、体育史、身体检查法、管理法、游戏论、体育教学法等<br>术科：拳术、柔术、运动竞技、游戏竞技、体操术、普通体操、兵式体操、摔跤体操、摔跤等 |

资料来源：①体育专修科毕业试验成绩册（1919年6月）[Z]. 北京师范大学档案：全宗1案卷120，北京师范大学档案馆藏.

②南京高等师范学校体育专修科简章[J]. 京师教育报，1916，26：6－8.

从南高师和北高师第一届体育专修科课程可见，南高师和北高师都根据教学框架将体育专修科课程分为学科和术科两个部分。学科课程主要传授体育相关理论知识和公共课，如生理学、体育管理、国文、伦理；术科课程中各种体育项目如兵式体操、器械体操、柔软行动操等课程属于军国民体育思想范畴。运动生理学、体育哲理、体育管理、身体检查法、活泼器械操、游戏竞技、田径赛运动、体育史等课程属于欧美自然主义体育思想范畴，拳术、摔跤等属于传统体育项目。两校在课程设置上，不仅引进了自然主义体育思想的理论课程，而且吸纳了已经在社会上获得好评的田径赛运动和中西拳术等运动，丰富了高等体育师范教育的课程内容。① 两校开设的课程不尽相同，但一般都改变了旧式师范学校普遍重视普通体操、兵式体操的状况。课程的设置反映了设计者对当时流行的军国民体育思想、自然主义体育思想和国粹主义体育思想采取兼收并蓄的态度。理论类课程重视教育学科、基础知识及应用、体育行政领导能力的培养；技术类课程重视全面发展，培养学生适应多种教学的能力。随着实用主义教育思想、自然体育思想的传入，实用主义教育主张“儿童中心”，强调个性的自由发展。在体育教学方面，应用主义反对强制、呆板、枯燥的体育教学活动，主张以学生的兴趣为主，注重趣味性。当时流行的“设计模仿法”和“分组教学法”便是这一主张的主要表现。② 近代西方体育的田径、球类等运动逐渐成为学校课外体育运动的主要内容，其既符合学生身心发展的特点，又能培养团结合作及竞争的体育精神，对体育师资培养的课程设置也产生了影响。特别是 1923 年，《新学制课程标准纲要》的颁布，废除了学校兵操，确立了体育课在各级学校中的比例，正式把“体操科”改名为“体育科”，实现了从“体操”到“体育”的飞跃。在中小学剔除了兵式体操，充分肯定了西式体育课的教育意义，体育教学内容由以兵式体操为主向以田径、球类、游戏为主

① 李期耀．论中国高等体育师范教育的起源［J］．北京体育大学学报，2015，38（3）：93－99.

② 《中国近代体育史》编写组．中国近代体育史［M］．北京：人民体育出版社，1985：88.

的近代体育转变。此时英美的田径、球类等近代运动项目也进入体育师资培训课程，并逐渐丰富了学科内容，理论学科重教育学科、基础知识及应用，而不仅是技术的提高，特别是对教材教法的重视。

从体育师资培养课程的变化看，体育师资培养课程的变化以学校体育课程变化为主线，培养课程内容以模仿日本、欧美为主，主要是学习体育运动技术，对相关课程研究较少。虽然当时体育教育专业课程设置以模仿为主，体育科学研究水平不高，办学条件受社会经济发展水平的影响难以满足社会的需要，但在模仿中逐渐形成了较为规范的课程模式，为今后体育专业人才培养提供了基本的框架。

## 四、体育教学论学科萌芽时期的特征

### （一）社会变革推动中国学校开展体育教学

近代中西方交往主要分为三个阶段：洋务运动时代学习西方的“器物”；戊戌、辛亥学习西方的“制度”；而新文化运动则达到最高层次，开始学习西方的“文化”。期间近代体育传入中国，中国人首先看到了体育的军事价值，注重体育强国、强种的社会作用，将体育与国家命运结合在一起。学校教育主动适应这一时期中国的社会政治现实，体育即由军队走向学校。

1. 洋务派侧重于强兵的作用，最早引进西洋体育

1840 年第一次鸦片战争，西方列强武力入侵，闭关自守的中国国门被打开。西方各种制度与近代文化传播到中国，国人普遍认识到中国落后的根源在于教育，曾国藩、张之洞、左宗棠、李鸿章等掌握实权的官僚们看到中国古老的刀剑、长矛敌不过西方的洋枪、大炮，为“救亡图存”，主张向西方学习，开展“自

强”“求富”的洋务运动。曾国藩提出“别树一帜，改弦更张”的主张，认为应建立一种新式的军队，并组建了中国近代史上著名的“湘军”。他要求军队每天进行不懈的操练，练习的内容既有刀、矛等传统技艺，也有枪、炮使用的演练，因为“练技艺者，刀矛能保身，能刺人；枪炮能命中，能及远”[①]。湘军的练武体育开启了后来新式军队体育训练的先例[②]。继湘军之后，李鸿章创建了淮军，他对军队训练，一方面鼓励将士学习和掌握新式武器，一方面大力引进和采用西洋的兵操训练，因为“制器与练兵相为表里。练兵而不得其器，则兵为无用”[③]。因而，建立用西方武器装备和西洋兵操训练的军队，成为洋务运动的主要内容之一。建立新式军队，必须有新式的军官，于是在1881年创办了天津水师学堂，又称北洋水师学堂，1885年创办天津武备学堂，1887年创办广东水师学堂等。正是这些洋务派首先看到了西洋兵操体育的军事价值，在创办的新式学堂中，以强军为根本目标，最早引进了西洋体育。但是这种“强种报国”“体育救国”思想将国人对“体育”的认知局限在体育的“器物”层面，而忽略了它的本质功能，这一影响在很长的历史时期内存在。

2. 戊戌变法运动促使学校教育引进西方体育

戊戌变法，又称维新变法，是指1898年6月11日至9月21日以康有为、梁启超为主要领导的资产阶级改良派通过光绪帝进行的倡导学习西方，提倡科学文化，改革政治、教育制度，发展农、工、商业等的政治改良运动。资产阶级改良派对洋务运动持

---

① 曾国藩．劝诫营官四条［M］．曾国藩全集：诗文．长沙：岳麓书社，1989：438.

② 崔乐泉，杨向东．中国体育思想史：近代卷［M］．北京：首都师范大学出版社，2008：18.

③ 崔乐泉，杨向东．中国体育思想史：近代卷［M］．北京：首都师范大学出版社，2008：29.

批判态度，主张学习西方资产阶级，企图通过变革挽救清王朝的统治。他们提倡实行新政，特别提出改良教育，主张废除封建科举，兴办西式学堂。他们在研究西学中，吸收了近代体育思想。受近代体育思想的影响，他们看到了体育的军事价值，主张积极引进西方体育。西洋体操不仅在军事上有强兵作用，更有强种、强国的作用，于是西洋体育被引进学校体育。维新运动的勇猛战士“戊戌六君子”之一的谭嗣同，在他的著作《仁学》中指出：“西人以喜动而霸五大洲，驯至文士亦尚体操，妇女亦侈游历，此其崛兴为何如矣。”① 维新变法的代表人物康有为认识到国家的改革急需人才，因为“才智之民多则国强，才智之士少则国弱”②。而要培养人才，需要普及教育。早在1891年创办长兴学舍（万木草堂）时，他就明确提出要进行德育、智育、体育。对体育的要求为，“每间一日”，课以体操。③ 他在《大同书》中详尽地阐述了他所期望的中国近代教育制度，在“小学院”“中学院”“大学院”各部分，均谈到了体育的重要性。他强调提出小学阶段应该“专以养体为主，而开智次之”，“令功课少而游戏较多”，“学贵以养身健乐为主”④。中学阶段应该“养体开智之外，又以育德为重”，“故德性当令养之益熟，知识当导之益开，有节有度以养其正也”⑤。这一“德智皆寓于体”的教育思想，至今仍具有现实意义。“康有为从培养人的教育，提出体育的问题，比当时洋务派只是从‘强兵’的目的而注意兵式操，也进了一步。”⑥ 而严复的教育思想深受英国资产阶级教育家斯宾塞的影

---

① 谭嗣同．仁学［M］．上海：中华书局，1958：32.

② 崔乐泉，杨向东．中国体育思想史［M］．北京：首都师范大学出版社，2008：73.

③ 梁启超．戊戌变法（四）［M］．北京：中国广播电视出版社，1992：12.

④ 康有为．大同书［M］．北京：华夏出版社，2002：250—252.

⑤ 康有为．大同书［M］．北京：华夏出版社，2002：253.

⑥ 苏竞存．中国近代学校体育史［M］．北京：人民教育出版社，1994：46.

响。他主张学校教育就是要“大讲体育之事”，这是因为西方的斯宾塞曾说过“不讲体育而徒事娉心，无异一气机然，其筭缄关键极精，而气箱薄弱不任事也”[①]。在他管理的北洋水师学堂，就开设有“击剑、刺棍、木棒、拳击、哑铃、足球……”[②] 丰富的体育教学内容。这些维新派人士希望在国家存亡之际，在学校教育中开展体育，通过民力的培养，达到救亡图存、强种强国的目的。体育成为强国的一种手段而被当时舆论大力宣扬，是为清末学堂体育的思想起源。同时，他们积极把西洋体育引进学校教育，并最终催生了 1904 年的《奏定学堂章程》，确立了中国近代的学校体育制度。

3. 五四新文化运动使军国民体育衰落

五四运动是爱国运动，也是伟大的新文化运动。新文化运动高举“民主”和“科学”两面旗帜，在社会各方面尤其对教育界产生了巨大的影响，中国教育界以更开放的心态关注世界。民国初期大批留美学生回国，他们极力倡导科学，反对传统教育，宣传欧美教育。1915 年任鸿隽撰文认为：“科学于教育上之重要，不在于物质上之智识而在其研究事物之方法；尤不在研究事物之方法，而在其所与心能之训练。”[③] 1916 年，时任教育总长的范源濂提出民国教育应以“养成健全人格，发展共和精神”为宗旨，并指出：“所谓健全人格者当具下列条件：一、私德为立身之本，公德为服务社会国家之本；二、人生所必需之知识技能；三、强健活泼的体格；四、优美和乐之精神。所谓共和精神：

---

① 崔乐泉，杨向东．中国体育思想史［M］．北京：首都师范大学出版社，2008：80.

② 王恩溥．谈谈六十三年前的体育活动［C］//中华人民共和国体育运动委员会运动技术委员会．中国体育史参考资料：第三辑．北京：人民体育出版社，1958：121.

③ 任鸿隽．科学与教育［J］．科学，1915（1）：12.

1. 必须发挥平民主义，使人人知民治为立国根本；2. 养成公民自治习惯，使人人能负国家社会之责任。"[①]"中国教育必须取法西洋"成为时代的强音，并在国内掀起了学习美国教育的热潮。当时在美国教育界盛行的实用主义教育理论，深受国人的追捧，日本在中国教育界的地位则迅速下降。这一时期中国教育学界已经形成了"科学化"的共识，科学救国得到社会的普遍认同，科学主义得到社会的广泛提倡。

社会发展对人才的培养提出新的要求，而原有的教育及课程已不能满足社会发展的需求。体育也获得革新的契机和前进的动力，在活动方式和价值取向上都发生了引人注目的变化。就学校体育而言，单一的兵式体操已不能适应儿童和青少年身心发展的需要。新文化运动者对以往的军国民教育以及兵式体操进行了批判，强调体育锻炼要具有科学性，要符合人体生理和心理发展的规律和要求，凸显了体育在学校教育中的地位。五四新文化运动的旗手陈独秀明确指出人的"幸福内容"，应该是"以强健之身体正当之职业称实之名誉为最要，而发财不与焉"[②]。他反对以往的军国民教育，反对学校体育中的兵式体操。他说："健全思想，健全身体，本是应该并重的事，现在青年不讲体育，自然是一大缺点。""讲体育有三戒：（一）兵式体操，（二）拳术，（三）比赛的剧烈运动。"他认为，"这三件事在生理上都违背了平均发达的原则（小学教育更不相宜），在心理上都助长恶思想"。[③] 他认为应把体育与心理健康和道德情感教育融合在一起，因此他说："小学的

---

① 朱有瓛．中国近代学制史料：第三辑・下册［M］．上海：华东师范大学出版社，1990：106－107．

② 陈独秀．新青年［C］//陈独秀教育论著选．北京：人民教育出版社，1995：54．

③ 陈独秀．青年体育问题［C］//国家体委体育文史工作委员会，全国体总文史资料编审委员会．中国近代体育文选．北京：人民体育出版社，1992：82．

游戏、体操不专是发展体力的，兼且是发育各种器官肢体及感觉神经，及运动神经反应的本能道德情感的。”[①] 毛泽东对此也有相关的论述，他认为：“体育一道，配德育与智育，而德智皆寄于体，无体是无德智也。”体育具有“强筋骨、增知识、调情感、强意志”，使人“身心并完”的作用。体育锻炼要获得锻炼的效果，必须要充满兴趣和快乐，因为“兴味者，运动之始；快乐者，运动之终。兴味生于进行，快乐生于结果”。他对当时学校体育中存在的不良倾向提出了批评，如体育课教学时，“教者发令，学者强应，身顺而心违，精神受无量之痛苦”的问题。[②] 南开创始人张伯苓也认为体育与教育、德育同等重要，他说：“教育一事非独使学生读书习字而已，尤要在造成完全人格，三育并进而不偏废。”“教育里没有了体育，教育就不完全。我觉得体育比什么都重要。我觉得不懂体育的，不应该当校长。”[③] “有了好身体，才能有坚强的意志，担起建设国家的重任；身体若不好就失掉做事的本钱，什么也谈不到了。”[④] 由此他大声疾呼：“强我种族，体育为先。”[⑤] 他们的体育教育思想对我国近代体育教育的发展具有重要意义，对我国近代体育走向科学化和正规化的道路起到了一定的积极作用，推进了我国近代学校体育的历史转变。

“五四”前后，新体育思想的传播为近代体育的传入和发展做了思想上和舆论上的准备。五四新文化运动中，中西体育思想

---

① 陈独秀．新教育是什么样［C］//陈独秀教育论著选．北京：人民教育出版社，1995：290.

② 毛泽东．体育之研究［J］．新青年，1917（3）.

③ 王文俊，杨珣，郑致光，等．张伯苓教育言论选集［M］．天津：南开大学出版社，1984：11，258.

④ 王涉静．张伯苓先生与南开早期的体育［C］//南开大学校长办公室．张伯苓纪念文集．天津：南开大学出版社，1986：234.

⑤ 张伯苓 1926 年为两江女子体育师范学校题词．中国现代教育家传：第一卷［M］．长沙：湖南教育出版社，1986：41-61.

的碰撞，提高了人们对体育的科学认识，以及对学校体育的重视程度。正是这些有识之士用近代科学的眼光看待教育和体育，对军国民教育和学校兵操体育的抨击，推动了学制和课程的改革。1922 年颁布推行了新学制“壬戌学制”，正式将学校的“体操科”改为“体育科”，学校体育逐步摆脱军国民教育模式，为现代体育项目所取代，实现了我国学校体育在体育内容和形式方面的重大历史转变。“壬戌学制”是中国近代学制中实施时间最长、影响最大的学制，其主要框架一直沿用至 1949 年。

### （二）体育教学思想体现当时教育价值取向

体育思想是体育实践的指导与根据，体育课程设置的内容，学制的变革，可折射出相应时期的学校体育思想、社会政治思想等，体现了当时的教育价值取向。

1. 军国民体育思想体现了强民救国的教育价值取向

经历两次鸦片战争的洗礼，中国处于“国将不国”的境地，挽救中华民族于危难之中是当时社会的首要任务。当时的洋务派和具有资本主义思想的知识分子都主张向西方学习，学习西方先进的科学技术，并在各地开办新式学堂。新式学堂的兴起，为近代西方体育在中国的传播发挥了积极作用。但其主要目的是维护清王朝的统治，故关注体育的实用性，以改善国民体质为宗旨，体育成为提升民族自信心的载体，对体育的概念、目的、内容、方法等尚无基本的了解。[①] 西方教育家认为健康的精神寓于健康的身体，拼搏、竞争、协作等精神蕴含在体育运动中，其体育文化注重的是体育的精神塑造作用，即培养学生高尚的人格。我国在最初的引进阶段，力图“尚武救国”“强国强种”，学校体育成为全国强民、抵御外侮的工具，成为增强民族凝聚力，提升民族

① 毛振明. 学校体育发展史 [M]. 桂林：广西师范大学出版社，2005：79.

自信心的载体。日德的“军国民体育”，培养“尚武”精神的宗旨，备受希望“尚武”以强军强民的国民拥护。这一背景使军国民教育思想迅速成为主导学校体育的主流思想，其核心就是以“军人之智识、军人之精神、军人之本领”教育国民。[①] 但由于其对体育的狭隘理解，太注重实用，体育教学的主要内容是“兵式体操”的训练，造成了体育教学内容单一、形式枯燥，影响了体育教育的实际教学效果，引起了学生和家长的不满。1906 年又把“尚武”列入教育宗旨，明确规定：仿效东西各国，推行军国民教育。《学部奏请宣示教育宗旨折》中明确提出，“凡中小学堂教科书，必寓军国民主义。”“体操一科，幼稚者以游戏、体操发育其身体，稍长者以兵式体操严整其纪律。”1911 年 1 月 19 日，中华民国南京临时政府教育部发布《普通教育暂行办法》，规定“高等小学以上体操科应注重兵式”。1912 年 9 月，军国民教育被列入国民教育宗旨中，从教育和训练两方面付诸实施。1915 年，袁世凯政府发布的《军国民教育实施方案》中有“尚武”一项，规定“小学校学生，宜注重作战之游戏”，“师范学校，及各中等学校之体操学科时间内，宜于最后学年加授军事学大要。”“中等以上学校之兵式操，宜于最后学年实行射击。”“各科教授材料与军国民主要有关系者应随时联络，以输入勇武精神。”[②] 可见，军国民教育思想对学校体育的影响是与振兴国家的社会背景联系在一起的。“新式教育兴，办学者只知体育为新式教育中所不可不提倡者，而所以提倡之道，仍属茫然。”[③] “这

---

① 奋翮生（蔡锷）. 军国民篇（1902）[M] //梁启超. 新民丛报汇编. 东京译新书社，1903：7—14.

② 国家体委体育文史工作委员会，全国体总文史资料编审委员会. 中国近代体育决议案选编 [M]. 北京：人民体育出版社，1991：5.

③ 郝更生. 十来年我国之体育 [C] //国家体委体育文史工作委员会，全国体总文史资料编审委员会. 中国近代体育文选. 北京：人民体育出版社，1992：117.

种拿来主义的学校体育发展模式，虽然在当时开辟了学校体育发展之先河，但却是一种迫不得已而为之的‘囫囵吞枣’式的发展模式。”[①] 这表明体育这一“舶来品”，从引进之初只重其形，未解其实，关注其实用价值，疏于理解其学术价值，中国早期的体育教学一开始就存在理论的匮乏，这一影响至今仍然存在。

2. 自然主义体育思想表达了“实用”的核心价值取向

自然主义体育思想来自美国。自然主义体育思想主张用自然的手段锻炼身体，体育要适应学生的兴趣和个性发展，教师只是从旁引导。在自然主义体育思想的影响下，欧美体育成为近代中国体育的主流。

在“五四”前后，基督教青年会派往中国的体育专业干事麦克乐带来自然主义的体育思想，他也是中国近代体育理论、学校体育和体育科学研究的奠基人。[②] 他首度正式将民主思想引入体育领域。他认为透过体育活动的设计，可以学习民主的精神，并延伸到社会生活，以达到中国民主化的目的。[③] 试图在体育运动过程中培养学生的民主精神，推动当时中国政治的民主化进程，使学校体育具有更深层的教育意义。麦克乐在华期间大力倡导自然主义体育思想，虽然麦克乐利用基督教青年会在中国开展体育运动是一种新的侵略手法[④]，但这也在客观上加速了自然体育在中国近代的传播进程。盛行于欧美的自然主义体育思想强调通过体育培养“民主、自由”的意识形态，强调体育的娱乐价值，与五四新文化运动所倡导的民主与科学思想相契合，因此很快在中

---

① 程文广. 我国学校体育思想发展的哲学反思［J］. 北京体育大学学报，2015，38（5）：77－83.

② 谭华. 体育史［M］. 北京：高等教育出版社，2005：266.

③ 麦克乐. 体育与德谟克拉西［J］. 体育季刊，1924（1）：1－6.

④ 成都体育学院体育史编写组. 中国近代体育史［M］. 成都：四川教育出版社，1976.

国被广泛接受。杜威的实用主义教育学思想和桑代克的教育心理学说成为论述体育教学目的、体育学习过程、体育教学安排顺序等的依据。自然主义体育认为“体育即教育”，“体育是以身体大肌肉活动和适当的环境为工具，而谋达到教育目的的一种教育”，“体育之意义非仅身体之锻炼，乃从身体各种大肌肉活动中供给教育之机会”[①]。体育是教育的一种形式。体育通过身体活动进行教育，提出了“发展身心、掌握生活技能、形成运动习惯、进行社会生活教育等多方面的要求”，认为体育的目的是培养全面发展的人，反对强制、呆板、枯燥的体育活动形式，在体育教学法方面强调以“儿童为中心”，注重儿童的“兴趣”，主张让儿童自由活动，注重发挥学生的主观能动性。当时非常流行的方法有“设计模范法”和“分组教学法”[②]，主张选择适应儿童现实生活需要和兴趣的自然主义体育活动教材。自然主义体育强调运动要适应人的生理及心理特征，因而它促进了运动生理、心理、解剖等理论学科的发展，促进了体育教学理论的科学化。

全国教育联合会于1920年决议废弃“尚武”的教育宗旨。1922年，中华民国教育部效法美国学制拟定颁布了“壬戌学制”。该学制仿效美国学制制定体育教学内容，以田径、球类和游戏等为主要内容，丰富了体育课堂，构建了我国近代学校体育模式。自然主义体育从根本上否定了军国民体育，抵制了军事化体育的实施，宣告了军国民主义在中国的完结，自然主义体育思想占据了中国学校体育的主导地位。这一学制一直延续到新中国成立前夕。但由于专业体育老师的缺乏，对自然体育的内涵理解有限，且尚武强国的心态迫切，西方近代体育的思想和观念并没

---

① 吴蕴瑞，袁敦礼．体育原理［M］．上海：勤奋书局，1933.

② 王华倬．我国近现代中小学体育课程的发展演变及其历史经验［D］．北京：北京体育大学，2003：49.

有在中国形成，更多是形式上的模仿。当时就有国人指出，“异时异人异地之产品，决不适于中国”[①]。“疏忽了体育的时间、空间性。……抄袭了些其他社会的舶来品，东鳞西爪，庞杂无章”[②]。特别是自然主义体育强调学校体育的教育功能，忽视了通过体育教育来增强学生体质的主要功能，同时在教学中过于突出学生的中心地位，抹杀了教师在体育教学过程中的主导地位，没能起到较好地指导中国体育教学实践的作用。

3. 国粹主义体育思想促进传统体育发展

国粹主义是清末形成的一种文化流派。它是在一批爱国志士多年学西学无效后，转而在自己悠久的历史文化中寻求复兴之路。面对西方文化在中国的强势发展，以章太炎、刘师培为首的部分知识分子主张重新评估中国的传统文化，回归自身的民族传统，同时借用西方文化改造而不是替代传统文化，从而达到“保种、爱国、存学”的目的。这种具有强烈现实关怀的主张很快形成一股强大的思潮，对当时的中国社会产生了很大影响，被称为“国粹主义”[③]。在军国民体育思想、自然主义体育思想的影响下，中国传统体育思想受到巨大冲击，养生、武术等中国传统体育的发展受到制约。国粹派中的体育论者体现着对中华民族灿烂文明的民族自豪感和自信心，提出大兴国粹体育以扬中华之国威。1914年，体育家徐一冰在《整顿全国学校体育上教育部文》中，就主张将武术列为高等小学、中学和师范学校体育课的正课内容。他批评学校体育“皆袭他人之形式，未克振己国之精神”，在《拟请提倡中国旧有武术列为学校必修课》议案中，拟请在学校体操科内授课中国旧有武术，并列为必修课以振尚武精神。他具体提出

① 吴蕴瑞，袁敦礼. 体育原理［M］. 勤奋书局，1933：29.

② 方万邦. 体育原理［M］. 北京：商务印书馆，1955：47.

③ 郑师渠. 晚清国粹派：文化思想研究［M］. 北京：北京师范大学出版社，1997.

可将“小学体操科目改列为游戏、普通体操、武术；中学改列为普通体操、兵式体操、武术”[①]。1919年，北洋政府通过了把“中华新武术”定位学界必学之“中国式体操”的决议，并通令全国实行，从此武术以国粹的名义被纳入各级学校课程系统，被列入中等以上学校的体操课程，作为军国民教育的补充。武术从此在学校体育教育中占有了一席之地，也由此引发了一场“土体育”和“洋体育”的论争。这场“中西体育”论争促使人们冷静思考土、洋体育各自的优缺点，促进了体育界人士对传统体育的再认识，为中国传统体育和西方现代体育的初步融合提供了思想基础。

走进学校体育的武术，不仅改变了社会对传统体育的偏见，也促使人们运用西方体育理论求解民族传统体育的锻炼价值和作用，以及对民族传统体育教学方法的改造和研究，对武术的新生起到了重要的促进作用。国粹体育思想在一定程度上促进了传统体育在曲折中发展，学校开设武艺课程，摔跤等民间体育也继续流传，这为国术运动的推广，也为中国本土体育走向世界创造了条件，使民族传统体育更能适应社会发展的需求。

### （三）体育师范教育在借鉴模仿中自我规范

体育学校的创办开创了我国体育专业教育的先河。其办学宗旨、体育课程设置的内容、师资培养的变革，可折射出相应时期的师范教育理念、学校体育思想、社会政治思想等，体现了我国体育师范教育的发展。

1. 体育师资培养课程设置形成基本框架

各级学校体育的普遍开展使得体育教师的需求量增大，促进了体育学校的创办，推动了体育师资教育的发展。体育师资培养

---

① 崔乐泉，杨向东. 中国体育思想史：近代卷［M］. 北京：首都师范大学出版社，2008：277—278.

课程的设置以学校体育课程变化为主线。除以兵式体操为主的体育课程内容外，在教会学校的影响下，随着一些进步人士对欧美体育的宣传和引入，以田径、球类、游戏为主的近代西方体育运动在课外体育活动中逐渐出现。1922 年（壬戌）新学制将“体操”课改为“体育”课，并且正式把培养体育师资的专门学校的“体操科”改为“体育科”，从此兵操在学校体育中被废止，以田径、球类、游戏运动等作为学校体育教学的主要内容。体育师资培养课程在模仿日本、欧美中逐渐趋于规范化。体育师资培养课程设置包括学科课程和术科课程，课程内容更加丰富。

**表 1—3 国立中央大学体育系课程内容（1931 年）①**

| 课程类别 | 课程名称 |
| --- | --- |
| 普通基础课 | 英语、德语、高等混合数学、物理、生物、现代文化概论 |
| 教育课程 | 教育概论、教育通史、教育心理学、教育统计学、教育社会学 |
| 体育专业课程 | 解剖学、生理学、运动生理学、人体测量学、个人卫生学、学校公共卫生学、体育概论、体育史、体育原理、体育行政、体育建筑与设备、体育教学法、运动裁判法与改正体操、急救术、童子军、体育测验、体育实习、毕业论文、术科 |
| 专选课 | 体育问题、民众体育及其他院系开设的选修课 |

**表 1—4 北平（北京）师范大学体育系课程内容（1936 年）②**

| 学　年 | 科　目 |
| --- | --- |
| 第一学年 | 社会科学概论、卫生、教育概论、体育史、应用解剖学、体育技术、自然科学概论等 |

① 成都体育学院体育史研究所．中国近代体育史资料［M］．成都：四川教育出版社，1988：308—309.

② 成都体育学院体育史研究所．中国近代体育史资料［M］．成都：四川教育出版社，1988：319—321.

续表1—4

| 学　年 | 科　目 |
| --- | --- |
| 第二学年 | 教育心理学、哲学概论、体育原理、生物学、体育技术等 |
| 第三学年 | 教育统计及测验、普通教学法、参观、体育测验、健康检查、矫正体操、体育技术等 |
| 第四学年 | 党义、中等教育、体育史、教育行政、儿童及青年心理、师范教育、体育教学法、参观、实习、体育行政、急救及按摩术、体育技术、运动指导及评判等 |

在学科课程设置上，比较注重普通教育课程的学习和专业基础理论教育，体育技术在竞赛运动、技巧运动、体操、舞蹈、武术等学科中选择。术科课程不再是单一的兵式体操，增加了技巧、球类、竞赛运动等西式体育，以及具有中式特色的武术等课程，课程内容多元化（参见表1—3、表1—4）。

**表1—5　修订师范学院体育系必修科目表**①

| 科　目 | 规定学分 | 第一学年 | | 第二学年 | | 第三学年 | | 第四学年 | | 第五学年 | | 附注 |
| --- | --- | --- | --- | --- | --- | --- | --- | --- | --- | --- | --- | --- |
| | | 上 | 下 | 上 | 下 | 上 | 下 | 上 | 下 | 上 | 下 | |
| 体育理论 | 4 | | | 2 | 2 | | | | | | | |
| 人体解剖学 | 4 | 4 | | | | | | | | | | |
| 人体生理学 | 3 | | 3 | | | | | | | | | |
| 卫生学 | 3 | | | 3 | | | | | | | | |
| 卫生教育 | 3 | | | | 3 | | | | | | | |
| 体育测验 | 2 | | | | | | 2 | | | | | |
| 矫正体操及按摩术 | | | | | | | | 2 | 2 | | | |
| 运动裁判法 | 4 | | | | | 2 | 2 | | | | | |

① 王增明. 近代中国体育法规. 中国体育史学会河北分会，1987：411.

续表1—5

| 科目 | 规定学分 | 第一学年 | | 第二学年 | | 第三学年 | | 第四学年 | | 第五学年 | | 附注 |
|---|---|---|---|---|---|---|---|---|---|---|---|---|
| | | 上 | 下 | 上 | 下 | 上 | 下 | 上 | 下 | 上 | 下 | |
| 体育行政 | 5 | | | | | 3 | 2 | | | | | ※ |
| 体育术科 | 22 | 3 | 3 | 3 | 3 | 3 | 3 | 2 | 2 | | | |
| 体育学科教材及教法 | 4 | | | | | 2 | 2 | | | | | |
| 教学实习 | 10 | | | | | | | 3 | 3 | | | ※※ |
| 童子军 | 4 | | | 2 | 2 | | | | | | | |
| 毕业论文 | 2～4 | | | | | | | 1～2 | 1～2 | | | |

注：※包括学校体育行政、社会体育行政及体育建筑与设备；※※第五学年列4学分，计算法与教育学系同。

表1—6 修订师范学院体育系选修科目表①

| 科目 | 规定学分 | 选习学年 |
|---|---|---|
| 中国体育史 | 2 | 第三、第四学年 |
| 人体机动学 | 2 | 第二、三、四学年 |
| 小学体育 | 2 | 同上 |
| 营养概论 | 2 | 同上 |
| 医药常识及急救 | 2 | 同上 |
| 运动生理 | 2 | 同上 |
| 国术研究 | 2 | 同上 |
| 舞蹈研究 | 2 | 同上 |
| 器械操研究 | 2 | 同上 |
| 田径赛研究 | 2 | 同上 |

① 王增明．近代中国体育法规．中国体育史学会河北分会，1987：412.

续表1－6

| 科　目 | 规定学分 | 选习学年 |
| --- | --- | --- |
| 球类研究 | 3 | 同上 |
| 骑射研究 | 2 | 同上 |
| 童子军专科 | 3 | 同上 |
| 音乐 | 2～4 | 同上 |
| 美学 | 3 | 同上 |
| 卫生学教材及教法 | 3 | 同上 |
| 诊断学 | 2 | 同上 |
| 外国文（二） | 6～12 | 同上 |
| 第二外国文 | 12 | 同上 |
| 滑翔训练 | 3 | 同上 |
| 普通教学法 | 3 | 同上 |
| 训导原理及实施 | 3 | 同上 |

体育师资培养在模仿中逐渐开始自身的规范化探索。为统一体育师资培养课程内容，教育部于20世纪40年代初颁发了《修订师范学院体育系、科必修和选修课科目表》。表1－5中所列体育系的必修课有体育理论、人体解剖学、人体生理学、卫生学、卫生教育、体育测验、矫正体操及按摩术、运动裁判法、体育行政、体育术科、体育学科教材及教法、教学实习、童子军、毕业论文。表1－6中所列选修课有中国体育史、人体机动学、小学体育、营养概论、医药常识及急救、运动生理、国术研究、舞蹈研究、器械操研究、田径赛研究、球类研究、骑射研究、童子军专科、音乐、美学、卫生学教材及教法、诊断学、外国文（二）、第二外国文、滑翔训练、普通教学法、训导原理及实施。① 从表

① 王增明．近代中国体育法规．中国体育史学会河北分会，1987：411－412．

1—5 和表 1—6 可以看出，体育师资培养课程设置结构为必修课和选修课。必修课中限定了各学年所开设课程及学分，没有规定各门课程的学时，可见其实行的是必修选修结构的学分制。课程内容既有生物学科和教育学科的基础学科，又有体育专业学科的理论和技术类学科。这些体育师资培养课程逐渐形成了较为规范的课程模式，课程计划较重视教材教法（4 学分，开设一年）（见表 1—5），选修课中注意术科的研究，而不是单纯技术的提高。体育师资培养课程的变化，体现了当时对体育教师的一般需求，为后来学校体育的发展和体育师资培养的变革提供了基本框架。

2. 课程设置重视体育教师能力培养

在体育师资培养课程中，有一门重要的课程“体育教学法”（见表 1—3、表 1—4）。体育学科教学法由教授法发展而来（见表 1—7）。

**表 1—7　体育教学法课程的设置**

| 机构名称 | 课程名称 |
|---|---|
| 北京体育学校（1920 年） | 学科：伦理学、礼制大要、心理学、教育学、各科教授法、中国教育史、东洋教育史、欧美教育史、教育行政、新学制大概、中外体育史、体育原理、体操理论、武术理论、体育教授法、体育处理法、生理学、解剖学、运动生理学、身体检查学、急救法、创伤疗法、音乐、图画、国文、军事学等<br>术科：国技、体操、童子军、田径、日本柔道等 |
| 华东体育专科学校（1927 年） | 学科：体育原理、体育行政、体育教学法、体育史、生理学、心理学、人体测定学、人体机动学、按摩术、军事学、运动指导、运动评判学等<br>术科：田径、球类、器械体操、舞蹈等 |

续表1－7

| 机构名称 | 课程名称 |
| --- | --- |
| 重庆大学体育专修科（1936年） | 学科：世界通史、生理学、人体解剖学、运动生理学、教育学、体育概论、体育史、体育教学法、体育建筑与设备、体育行政与管理、人体测量学、人体机动学等<br>术科：田径、器械体操、垫上运动、足球、篮球、排球、网球、垒球、手球、韵律活动、国技、游泳、游戏体操、童子军、军事体育等 |
| 国立师范学院体育系（1939年） | 学科：语文、外语、史地、教育概论、体育原理、体育史、体育教学法、运动裁判法、体育行政、体育测验与统计、运动学、人体解剖学、生理学、卫生学等<br>术科：田径、体操、球类、游泳、舞蹈、游戏、武术、摔跤、举重、童子军等 |

资料来源：学校体育大辞典编委会．学校体育大辞典［M］．武汉：武汉工业大学出版社，1999：788－792．

教授法仿自日本，在清末民初的中国各级学校得到广泛使用。该方法对课程的教学内容、顺序、讲授时数、教材都作出了详细的规定，注重教师向学生传授知识。“中国自有学校教育，其教授法即通用演讲式之注入主义，非惟中学然也。大抵文学、历史、地理等科，专赖教师之取材与说明。即理科之实验，亦由教师行之，作为说明一种，学生旁观而已。学生之作业，除作文演算外，惟图画、手工、体操，则非诉诸学生之动作不可，然亦不过模拟的作业而已，其教授之良否，则纯视教师准备教材之是否丰富，说明之是否透辟为断。总之，学生所得，殆出自教授之授与。”① 针对教授法存在的注入式、填鸭式、缺乏教学互动的缺陷，1919年陶行知发表《教学合一》一文，明确提出将教授法改为教学法，“教学生学”。② 有关体育教授法的内容散见于普

① 林砺儒，程时煌．中国之中等教育［J］．北京师大教育丛刊四卷二集，民国十二年五月．

② 北京高等师范学校职教员一览表（1917年12月—1919年2月）［Z］．北京师范大学档案：全宗1案卷85，北京师范大学档案馆藏．

通教授法教材之中。蒋维乔编的《教授法讲义》是较早的一本教授法教材。全书分为总论和分论两编，总论分教授之意义、教授之目的、教授之材料、教授之方法等四章，分论分修身、国文、算术、历史、地理、理科、手工、图画、唱歌、体操、农业及商业、英语等各科教学，以及单级教授法和二部教授法。[①] 西方的兵式体操、器械体操、田径、各种球类、游戏等运动项目和体育学、心理学、生理学、教育学等体育理论知识相继被引进，极大地丰富了我国体育师资培养课程的内容。教育部 1912 年颁布的《师范学校规程》和 1913 年颁布的《高等师范学校规程》，都规定教育学科中包含教授法。学科知识中的体育教育类课程有体育教授法。例如，当时在体育课教学中开始推行“三段教授法”。体育学科教学法适应了师范学校分科教学需要，注重培养体育师范生的教学理论知识，提高体育师范生的教学技能。

1920 年北京体育学校开设的课程中，“体育教授法”赫然出现在课程体系中，这是该课程第一次以“体育教授法”这一完整的名称在体育院校中正式开设。其实，早在 1918 年，时任南京高等师范学校教务主任的陶行知先生就提出用“教学法”代替“教授法”。此提议虽遭到保守派的反对，当时并未采纳，但这种关注教与学双边关系的提法，在教育界产生了一定影响。五四运动后南京高等师范学校将全部课程由“教授法”改为“教学法”，影响遍及全国，传统的“教授法”渐渐被“教学法”取代。1920—1923 年间，“‘教学’与‘教授’两词并用，但是‘教学’的使用频率越来越高，而‘教授’的使用频率则越来越低，到 1923 年，‘教学’基本取代‘教授’，成为表达教学概念的通用词语”[②]。在师范

---

① 董远骞. 中国教学论史［M］. 北京：人民教育出版社，1996：32—33.

② 章小谦，李屏. 改“教授法”为“教学法”考［J］. 华东师范大学学报（教育科学版），2005，23（2）：87—95.

院校体育系的课程目录中，“体育教学法”渐渐取代了“体育教授法”。1925 年，全国教育联合会《新学制师范科课程纲要》规定，师范科课程必修科目中必须有普通教学法、各科教学法和小学各科教材研究等。1927 年华东体育专科学校开设“体育教学法”，30 年代的南高师和北高师体育系课程内容中就设有“教育概论”“教育心理学”“教育社会学”等教育专业课程，以及“体育概论”“体育教学法”等体育专业课程，还增设了“体育实习”以提高学生的体育教学实践能力。[①] 1939 年 9 月 23 日，教育部颁发《师范学院分系必修及选修科目施行要点》，提到“党义、音乐、体育、军训”为必修科目，“须遵照规定办理”，在“师范学院分系必修及选修科目表中”，明确了“分科教材及教法研究”为必修科目。这是首次将教材的研究列入课程名称。20 世纪 40 年代初教育部颁布的“修订师范学院体育系、科必修和选修课科目表”也将“体育学科教学法”“教学实习”列为体育系的必修课。1942 年，教育部颁布了《师范学院规程》，规定师范院校共同必修科目中必须有普通教学法，而教育系科则早已开设了普通教学法和各科教学法。体育师范教育在借鉴学习模仿中开始对自身体育师范特色进行深入探索，找寻自身定位，提升体育师范生的师范技能，以胜任各级学校的体育教学。

### （四）近代西方体育教学理论的引入和传播

留学生及来华学者等群体对国外体育思想的引入和传播，加深了国人对体育教育之重要性的认识，借鉴国外先进体育思想，批判“文弱”传统，提倡“尚武”精神的新的体育思潮开始形成。

---

① 成都体育学院体育史研究所. 中国近代体育史料 [M]. 成都：四川教育出版社，1988：308.

1. 留学生对国外体育思想的引入和传播

“体育”一词源于清末民初的“西学东渐”，部分有远见的留洋学子在欧美等发达国家的实际生活中，观察到现代体育对于提升国民素质和促进社会进步的巨大作用，回国后通过各种方式推广体育运动。

在日本留学的学生回国后大力传播军国民思想。爱国学生们认为，日本之所以在近代成功崛起，在很大程度上有赖于日本推行的军国民教育。他们回国后，大部分都致力于军国民思想的宣传和体育学科教育的传播。1902 年，留学日本的蔡锷、蒋百里、铁生、飞生等人，先后在《新民丛报》《江苏》《浙江潮》等刊物上发表文章，宣传军国民体育思想。蔡锷在《军国民篇》中提出：“军人之知识，军人之精神，军人之本质，不独限之从者。”认为：“凡全国国民，皆亦具有之。”蔡锷特别推崇日本“凡全国国民，皆宜具有之”的军国民教育，尤其是其中的军事体育教育。蔡锷主张学习日本重武尚武精神。蒋百里在《军国民之教育》中主张，要扩充军人教育于学校和社会。正是在这种舆论的影响下，中华民国成立后的第一任教育总长蔡元培先生，正式提出了“军国民教育”，指出学堂的任务就是报国强种。他说：“今天下志士，所抵掌奋谭，为保国强种之本者，非学堂也哉。”① 他要求各级各类学校实行军事编制，开设以兵式体操为主的体育课程。

同时，留美归国学生在国内大力宣传自然体育的教育思想。据统计，1909—1925 年间，共派出 1031 名学生留美，其中有 5.04%的人专门学习教育；1921—1925 年公费留美学生达 934 人，超过了日本和其他各国。② 这些留学生学成归国后，大都从

① 蔡元培. 绍兴推广学堂议［C］//蔡元培全集：第一卷. 北京：中华书局，1984：90.

② 周洪宇. 向宇平. 杜威教育思想在中国的传播及其影响［J］. 河北师范大学学报（教育科学版），2001（2）：59－61.

事教育。如胡适、廖世承、蒋梦麟、郭秉文、陶行知、陈鹤琴、王正廷、吴蕴瑞、袁敦礼、董守义、郝更生等，他们受美国教育思想的影响，在归国后的教育活动中，都不同程度地体现了美式教育思想。

毕业于美国哥伦比亚大学的胡适、陶行知和蒋梦麟，通过讲学和主编各种刊物宣传实用主义体育学说。胡适1910年留学美国，入康乃尔大学，后转入哥伦比亚大学，从学于杜威，深受其实验主义哲学的影响，在体育上提倡现代科学精神，提倡在体育锻炼中注重培养参与者勇往直前的精神、团结合作的集体荣誉感和责任感，对改变当时人们落后的体育观念有很大的推动作用。陶行知曾于1915—1917年在哥伦比亚大学师范学院师从杜威学习，他强调智育、德育、体育“三育并重”，说：“有学识道德而无健全之身，则筋骨不能劳，体肤不能饿，心意不能困，咸施夸毗之病夫，又何能运起学识道德，以树不临之业，而为人类造莫大之福哉?”他把德、智、体全面发展作为培养学生的标准，这种教育思想在今天看来仍对我们的教育有启示和指导意义。留学哥伦比亚大学的蒋梦麟，师从杜威，是中国近现代著名教育家。在其主编的《新体育》杂志上撰文阐发杜威教育学的精义。此外，留美学者吴蕴瑞通过培养学生、著书立说，广泛系统地传播自然体育思想，使自然体育思想逐渐为国人所认识和接受。这些国外体育思想的引入和传播为我国了解西方体育教学理论奠定了认知基础，对我国体育教学理论研究的探索有重要的影响。

2. 来华学者对国外体育理论的引入和传播

进入19世纪以后，西方体育理论水平已达到较高水平，一些传教士既有实践经验，又有理论水平。他们在中国办学校、兴体育，促进了中国近代体育理论研究的发展。19世纪后半叶，以美国为主的英、美各教派纷纷在我国创办教会学校，并设立基督教青年会，宣传西洋体育。1904—1908年间，天津青年会干事饶伯森到京津各校讲演，以“西洋体育”激发青年学生的“兴趣”，上海青年会干事麦可乐在京、沪一带进行有关体育的演说。1921年后，他还以东南大学体育科为基地，创办了《体育季刊》（后名《体育与卫生》）等杂志，编纂体育运动教科书等。[①] 西洋体育在我国的广泛传播，对我国体育教育理论产生了较大的影响。

1919年5月，美国实用主义教育家杜威来华讲学。他主张以儿童为中心，把学校当作社会，学校也是生活的一部分。杜威的理论对自然体育的发展产生了重要的作用。继杜威之后，孟禄、麦柯尔、克伯屈等著名的学者也都带着实用主义教育理论如美国的智力测验和教育测验、道尔顿制和设计教学法等，陆续来到中国，他们进一步宣传了实用主义教育学说，对自然体育在中国的传播起到了重要的作用。

青年会体育部的干事除了在青年会传授运动技术外，还经常到当地学校指导体育活动，介绍西方体育的理论与方法。美国著名体育家麦克乐是首位在中国介绍美国体育理论与方法的体育学者。1916—1926年，麦克乐在体育专门学校、基督教青年会体育干事培训班以及南京高师体育科任职期间，把自然体育学派的观点系统地传授给后来成为我国著名体育家的吴蕴瑞、董守义、许民辉、涂文、王义诚等人。1922年，创办《体育季刊》，在这本刊物中，麦克乐将内容分为两大板块，一个板块介绍当时最为先进的体育理论，另一个板块介绍西方体育运动项目。经过麦克乐等人的积极筹备，1922年在中华教育改进社内附设了中华全国体育研究会，这是中国最早的体育研究机构。麦克乐提出，该会以“研究体育学理论及方法，谋国民体育之发展”为宗旨，联

---

① 《中国近代体育史》编写组. 中国近代体育史［M］. 北京：人民体育出版社，1985：43.

络全国体育家研究推广体育[①]，沟通体育信息，加强体育学术研究工作。针对民国时期有教育价值的体育教材的缺失，麦克乐着手编写教材。1916 年撰写了我国近代体育史上第一部体育专门用语书《体操释名》，第一次基本规范、统一了我国近代体育术语；1915 年出版了《柔软体操》；1917 年出版了《田径赛运动》和《网球》；1918 年出版了《篮球》，这是我国第一本关于篮球训练的专著，对篮球运动教学产生了较大影响；1920 年出版了《体育教育系统之基础》；1923 年出版了《体育教授细目》；1933 年出版了《个人田径赛成绩之测量》等我国最早的体育书籍。这些体育书籍较为科学与完整地呈现了欧美近代体育规程、竞赛的组织、具体项目的运动规则以及竞技运动发展的历史等相关知识，系统地对西方现代体育做了介绍。这些著作都作为体育教材或体育教师、干部的主要参考书，推动了当时的体育教学工作。一些译著虽不是体育教学理论书籍，但却蕴含着教学思想、理念与方法，也带来了科学、民主、自由的全新理念。

麦克乐是第一个系统地在中国介绍美国体育理论与方法的学者，是中国近代体育理论、学校体育和体育科学研究的奠基人。[②] 通过举办教会教育和开展体育科学的理论研究，促进了我国体育科学研究的发展。

### （五）我国近代体育教学理论的研究和建设

新体育思想强调体育的教育意义，重视体育在对人的全面教育中的作用，提高了体育的地位，促进了人们对体育教学规律和教学法的研究。

---

① 马进．麦克乐对中国近代体育的推广及其历史贡献研究［J］．南京体育学院学报，2009，23（3）：72-74.

② 谭华．体育史［M］．北京：高等教育出版社，2005：266.

1. 出版翻译和自编体育教学法教材

现代教学论研究学者董远骞在《中国教学论史》中描述："从本来意义上说，教学论史应该研究教学理论，即由概念、规律、原则、方法等按照一定逻辑关系组成的抽象体系。这种教学理论，在我国近代称为教授学、教授法、普通教学法、教学法、教学原理等，在现代则称为教学论，它们是在教学实践发展到一定阶段，才能形成并逐步发展的。"[①] 我国教学论教材主要以"教授学"（侧重于教学原理知识）和"教授法"（侧重于教学方法介绍）的形式出现。

清末民初，学制规定中小学开设不同科目后，学科教授学（法）研究逐渐引起国人关注。体育教材教法是关于体育学科的教学理论和方法，体育教授学（法）的理论是建立在普通教授学理论基础上的，各科教授学（法）的理论是建立在普通教授学理论基础上的，前者是各科的指导性学科，后者是各科的实际应用的学科，但不能以此将前者界定为理论性学科，将后者界定为实用性学科。[②] 体育学科教授学（法）的理论在借鉴学习普通教授学理论的基础上，对学科教授论进行了探讨，翻译和出版了有关体育教材教法的教材（见表1—8）。

在社会变革和国外教育、体育理论思想的影响下，我国学者在兼顾国外理论并在立足中国实际的基础上开始自编体育教学教材，开始探索建立独立的中国教学论学科体系。我国教材编写，以自编体育教学法为主。

---

① 董远骞．中国教学论史［M］．北京：人民教育出版社，1996：2.

② 肖菊梅．清末民初（1901—1915）教学论教材研究概述［J］．教师教育学报，2015，6（2）：72—79.

表 1-8 20 世纪前半叶我国体育教学法教材的出版情况

| 编著者 | 教材名称 | 出版社 | 出版时间 |
|---|---|---|---|
| 王怀琪 | 走步、体操、游戏三段教材 | 国光书局 | 1924 年 |
| 沈重威<br>麦克乐 | 新学制体育教材 | 商务印书馆 | 1928 年 |
| 吴蕴瑞 | 体育教学法 | 勤奋书局 | 1933 年 |
| 方万邦 | 新体育教学法 | 商务印书馆 | 1933 年 |
| 束云达 | 小学体育科教材和教法 | 商务印书馆 | 1940 年 |

在自然主义思想影响下，我国近代学校体育理论已初具规模，出版了一批较有影响的体育教材和学术著作。王怀琪编著的《走步、体操、游戏三段教材》，分为正、续、三三编，分别由国光书局于 1924 年、1925 年、1932 年出版发行。第一段为走步教材，包括整队、转法、步法、变排、分队及各种圆转走法。第二段为体操教材，分为徒手柔软体操和轻器械柔软体操两类。第三段为游戏教材，分为徒手游戏、用器游戏、非正式游戏、拟战游戏、唱作游戏和舞蹈游戏。续编为补充教材，包括武术、田径、球类运动、单杠、叠罗汉等教材，以及运动会规则、运动标准、各种表格样式等。取材丰富、内容实用，与当时流行的三段教学法相适应，受到中小学教师的欢迎。①

1928 年的《新学制体育教材》，是沈重威把麦克乐编写的《体育教授细目》加以完善，以两人的名义出版的。其中介绍了体育的意义、体育的需要和价值、体育教育的目的、体育教材的内容和选配、体育组织、体育领袖、体育教授的精神等，将体育教育的目的分为身体、性质和人格、技能、知识四个方面，与当

① 学校体育大辞典编委会. 学校体育大辞典［M］. 武汉：武汉工业大学出版社，1994：781－782.

今新课改的知识目标、技能目标、心理目标、参与目标、社会交往有异曲同工之妙。

1932年陈奎生著、勤奋书局出版的《小学体育之理论与方法》，共十八章，第一章至第六章论述了小学体育的重要、体育在教育中的地位、儿童的体格及天性、小学体育的目的、体育运动的分类及优缺点、体育训练等内容；后面章节主要包括游戏、田径、走步、柔软体操、器械体操、跳舞、武术、小学卫生课程及考查方法、小学体育运动课程标准及教学时间支配的研究、小学体育成绩考查的讨论、小学运动会的组织法等内容。有关教学的理论散见于前六章，后面章节主要对各运动项目的内容和教学方法进行了介绍，其中包含卫生课程的介绍和考查方法。可见在当时，国家就对学生的健康有所关注，这对我们今天的教学依然有借鉴意义。

1933年吴蕴瑞著《体育教学法》，该书分通论、各论两编，是迄今为止已知中国最早的体育教学法专著。该书反映了当时体育教学法的发展趋势。1934年教育部编写的《体育教授细目》以周或每节课为单元来编写教材，也是现在一些中小学体育教材常见的编排方式。1935年至1936年，吴蕴瑞主编了中小学《体育教授细目》共24册，以运动项目来编写分册教科书，使中小学体育教学有了统一的教材。

1933年方万邦著《新体育教学法》，分通论和各论，在通论中对教学法是什么，什么是学习与怎样去学习，教育上的问题，全体学习与部分学习问题，班级教学之效能，自然体育与非自然体育、自然操，技能的训练，教学之要素等内容进行了论述；在各论中论述了竞赛运动教学法，器械运动教学法，舞蹈教学法，游戏教学法，游泳教学法等内容。该书受教育类课程的影响，在体育教学中体现出对教师一般要求的共性。他认为：教学法是用最经济的手段来达到教育上的最大效果。各科教学法在师范学校的课程中占有重要位置，“惟独体育教学法，却仍旧是故步自封，毫无进步”。[①] 作者在导言中说，在体育教学中将教育的原则和方法拿来运用，希望体育教学法的问题得到一定解决。[②] 此书对于培养体育教员有一定的积极作用。吴蕴瑞、袁敦礼和方万邦等人都是美国自然主义体育思想的代表人威廉姆斯的学生，所以他们的体育思想都受威廉姆斯的影响。

1940 年商务印书馆出版束云达编的《小学体育科教材和教法》，共十章。第一章介绍了课程的沿革、教学目标、教学的范围、教学要则等内容，第二章至第十章主要包括游戏、韵律活动、体操、运动、其他体育活动、课外体育活动课间操的实施法、成绩考查法和体格检查、设备问题等内容。关于教学方法做出了十七点规定，在有关教材的规定中指出：“体育教材的选择应根据儿童的身体年龄和技术程度的高下，并须适合儿童的生活需要。”“课内所用的材料，最好和课外的活动一致，以使儿童学习之后，可应用于实地；在学习时也可因有应用的目的而格外努力。”“材料和方法都须以兴趣为主，使儿童于活动之后觉得满意。”“教材和方法都须顾忌品德，防止虚伪欺诈等一切不良习气。”“我国固有的儿童游戏如踢毽子、造房子应尽量提倡。本地固有的儿童游戏，也应选择好的尽量提倡。”“我国固有的拳术和其它武术，于相当的时地，也可选用为高年级的教学材料。”[③] 这些理念与我们今天新课改提倡的以学生为本、注重学生兴趣、因材施教、校本课程开发、突出地方特色、关注学生态度情感价值观等理念是一脉相承的，今天仍然适用。

兵操是准军事训练，不重视教法研究。新的体育内容促进了

---

① 方万邦. 新体育教学法［M］. 上海：商务印书馆，1933：11.
② 方万邦. 新体育教学法［M］. 上海：商务印书馆，1933：2.
③ 束云达. 小学体育科教材和教法［M］. 上海：商务印书馆，1940：9.

教师对教法的改进和探索。在20世纪上半叶逐渐出现了完整和专门的体育教学法教材，有一些仍是留美知识分子的译作，有一些则试图摆脱模仿美国的做法，开始了更符合国情的探索，传授了很多现代的教育、教学知识，当时开始在体育课中推行，如“三段教授法”。“三段教授法”有一定科学性，此方法延续至今，是现代中小学体育教学的常见方法。体育教材教法注重“怎样教会技术”。1933年勤奋书局出版吴蕴瑞著《体育教学法》，对有关体育教材分配的方法、体育教学的方法以及教材内容在教学中应该如何教进行了阐述。“理论”的驱动和“实践”的需要，构成了这一时期体育教学论教材发展的原动力，体育学科教法教材的出版为后来的体育教法奠定了基础，对现代体育教学都有重要的启示，在我国体育教学论教材发展史上具有重要的意义。该时期的体育学科教学法教材具有教材结构多样化，以普通教授学理论为基础，侧重介绍体育教学的方法，针对体育教学理论论述相对薄弱的状况，建立在普通教授学理论基础上的体育学科教授论探讨，使体育学科教授法的理论初具规模，并为日后发展成独立的分支学科奠定了基础。

2. 开启我国学校体育教学理论研究

《奏定学堂章程》的颁布，使近代体育在中国学校的实施有了法律上的支撑，在我国的普通中小学堂均开设“体操科”（体操课），并对“体操科”作出了具体的规定，开设了兵式体操和普通体操。因此，在这一时期，民间有关体操和兵操的讨论较多。当时的学校体育教学虽然在内容上包括普通体操和兵式体操，但主要是用基本的军训代替教学，实质上是以兵式体操为主。正因为如此，《体育丛谭二则：论初等小学体操之不宜科任》《教育谈：唐麟杰〈续论体育之意见〉》两篇文章就指出了小学体操教学中以兵操为主要训练内容的不足，提出了儿童学习体操要循序渐进，不能认为普通体操程度太浅，而以只教授兵式体操为目的。[①] 为加强对学校体育的研究，教育部《推广体育计划案》中提出："设立国立体育研究所，以为体育根本之研究，力谋体操之改善"，"国立高等师范学校均设体育专修科，以应各省之需要"，在学校体育中"加授武术"，在规定体操及教练考查法中指出"师范学校并考查其关于小学校教材及教练方法"[②]。

1922年颁布的"壬戌学制"正式把学校的"体操科"改为"体育课"，剔除中小学校中的兵操，体育课以田径体操、球类、游戏为主要内容。由于教学内容的改变，人们开始重视教学理论的研究。受当时传入我国的以心理学为基础的、重视教学过程结构的赫尔巴特教学理论和西方人体生理学的影响，有人提出了"三段教授法"理论，这可以说是赫尔巴特"五段教学法"理论在体育教学中的应用。"三段教授法"是将课分为三阶段：初段，队列练习和准备活动；中段，主运动，包括体操、各种竞技运动和游戏；后段，整理运动，包括走步和呼吸运动。"三段教授法"的出现，标志着我国体育教学理论研究进入了一个新阶段。同一时期，美国的实用主义教育思想传入我国并深刻影响了中国教育界，学校体育也受其影响，主张以儿童为中心来安排课程和制定教法，于是出现了单元设计教学、分组教学等体育教学形式。实用主义自然体育在我国影响很广，延续时间很长，直至1949年中华人民共和国成立，大部分学校实行自然体育。受国粹文化思潮的影响，在武术进入学校体育课程前后，展开了"中西体育"大论争。

1933年10月由马崇淦等创刊的《勤奋体育月报》是民国体育期刊中影响力最大的期刊之一。该刊由上海勤奋书局出版，主

---

① 刘韬. 中国学校体育百年话语分析［D］. 长沙：湖南师范大学，2015：39.

② 国家体委体育文史工作委员会，全国体总文史资料编审委员会. 体育史料：第16辑 中国近代体育决议案选编［M］. 北京：人民体育出版社，1991：6-7.

要介绍体育原理、学校体育教材教法等，是近现代体育教学研究与交流的重要平台。《勤奋体育月报》刊登各种体育知识和信息，其中比较多的是关于各种中小学体育教材的内容。通过刊登中小学体育教材内容和教法，可以更快地指导老师和学生进行体育教育与学习。至1937年停刊，在已出版的46期中，《勤奋体育月报》刊登的关于教材的文章共有100篇（可能有遗漏），每一期至少有两篇以上文章是介绍教材的，有的甚至有几篇。① 这些期刊对基础教育体育教学的关注，有利于引导体育教师积极有效地开展体育教学，对体育教学的发展起到了很大的促进作用。

这一时期，罗一东先生的《体育学》（1924年），章凌信和杨少庚合著的《体育学》（1927年），方万邦编著的《体育原理》（1933年），吴蕴瑞与袁敦礼合著的《体育原理》（1933年），江良规的《体育原理》（1945年）都不同程度地对体育教学进行了阐述。最具代表性的是1933年吴蕴瑞与袁敦礼合著的《体育原理》，此书结合中国教学实际，积极阐发新观点、新思想，建构了20世纪上半叶中国体育理论体系。全书共九章，包括绪论、历史之背景、社会之背景、心身关系与体育、人之性质与体育、体育之目的、体育上相对之主张、体育与教育、体育与他种活动之关系。论述了体育的目的，体育与人、体育与教育等关系，其中包括理论与实践、体育与军事训练、体育与国术等问题，当时被用作体育系科的教材。吴蕴瑞在《体育原理》中对体育目的做了这样的分析：体育的目标归结为三方面，第一是机体之充分发达，第二是各种技能与能力之培成，第三是品格与人格之陶冶。② 吴蕴瑞认为体育为教育的一环，体育的目的应与教育的目

① 刘斌，石鸥.《勤奋体育月报》对民国中小学体育发展的积极影响［J］. 体育文化导刊，2012（10）：136－139.

② 吴蕴瑞，袁敦礼. 体育原理［M］. 上海：上海勤奋书局，1933：102－103.

的同进退，应随教育的目的而转移。有关体育教学理论散见其中。如“新体育之教学现象为活动”①，“视儿童为一个有机体，一切教学均影响学生之各方面。体育自早即根据此原则实施。”“体育之训练方法，如游戏运动之类，均以发展个人技能态度为教授之对象，而非纯为团体一致之活动。”② 吴蕴瑞以一个教育家的眼光看待体育、重视体育，注重发挥体育在培养人的过程中的独特作用，对体育特别是学校体育的一些重要理论问题进行了深入阐述，认为体育“乃以身体活动为方式之教育也”③，“体育为达到教育目标之最好方法”④，“体育教师之责任，在于发达儿童之身体，重于培养儿童之品格”⑤；并对教师提出了具体要求：“教师明体育之真谛，训练管理合法，足可收陶冶之效。反之体育足以养成欺骗虚伪自私等恶德。吾国体育界中能明此义者寥若晨星，各处运动会之无良好结果，学者不可不特别注意。”⑥ 吴蕴瑞提出“体育学术化”的主张，强调体育的科学教育和学术研究。他呼吁“科学家应与体育家携手，以解决体育上的一切疑难问题”。吴蕴瑞师承麦克乐、威廉士等自然主义体育思想者，受自然主义体育思想熏陶，同时勇于批判中西哲学，构建了自己科学严谨的体育教育思想体系。其体育教育思想可以用“身心一统，德育相长，文理兼修，服务社会”概括。⑦ 吴蕴瑞与袁敦礼合著的《体育原理》一书，从教育家的角度对体育的一些重要理论问题提出了建设性的学术观点，为高等体育教育体育师资培养

① 吴蕴瑞，袁敦礼. 体育原理［M］. 上海：上海勤奋书局，1933：161.

② 吴蕴瑞，袁敦礼. 体育原理［M］. 上海：上海勤奋书局，1933：162-163.

③ 吴蕴瑞，袁敦礼. 体育原理［M］. 上海：上海勤奋书局，1933：10.

④ 吴蕴瑞，袁敦礼. 体育原理［M］. 上海：上海勤奋书局，1933：106.

⑤ 吴蕴瑞，袁敦礼. 体育原理［M］. 上海：上海勤奋书局，1933：9.

⑥ 吴蕴瑞，袁敦礼. 体育原理［M］. 上海：上海勤奋书局，1933：115.

⑦ 姚颂平. 上海体育学院首任院长吴蕴瑞体育思想论释［J］. 上海体育学院学报，2005，29（5）：1-5.

和早期科研打下了坚实的思想基础，对我国体育教育事业做出了不可磨灭的贡献。有关体育教学的理论散见于各种体育研究之中，虽缺乏对体育教学理论系统、深入的探讨，但这些有关体育教学的探讨和研究在一定程度上提升了人们对体育教学的认识，对体育教学论学科的形成产生了积极影响。

# 第二章　中华人民共和国成立后体育教学论学科的探索

中华人民共和国的成立，开辟了中国历史的新纪元。如何把中国建设成一个现代化的社会主义国家，是一个全新的课题。历经沧桑的新中国，百废待兴，急需各方面的建设人才。面对这一形势，政务院总理周恩来强调指出："人才缺乏，已成为我们各项建设中的一个最困难的问题"，"只要建设一开展，每年就需要中专以上的毕业生二十万人"。[①] 而人才的培养要依靠教育。教育问题成为党和政府十分重视的问题，全新的教育方针和政策被确立。1949 年 9 月 29 日，中国人民政治协商会议第一届全体会议选举了中央人民政府委员会，宣告了中华人民共和国的成立，并且通过了具有临时宪法性质的《中国人民政治协商会议共同纲领》(以下简称《共同纲领》)。《共同纲领》将新中国的教育定位于"民族的、科学的、大众的文化教育"，这也成为新中国文化教育政策的总体性表达。1949 年 12 月，中华人民共和国第一次全国教育工作会议隆重召开，提出"普及与提高的正确结合"的教育工作发展方针，并且在建设新教育时要"借助苏联经验"。1951 年 3 月，教育部在第一次全国中等教育会议上提出"使青

① 周恩来. 周恩来教育文选［M]. 北京：教育科学出版社，1984：31－34.

年一代在智育、德育、体育、美育各方面获得全面发展”①。

为了尽快改变贫弱的面貌，满足建设、保卫国家的需要，从国家利益出发，尽快增强民族体质成为学校体育工作的重点。在国家的高度重视下，1950 年和 1951 年，毛泽东主席先后两次写信给当时的教育部长马叙伦，作出“健康第一，学习第二”的指示。1951 年 8 月 6 日，中央人民政府政务院发布《关于改善各级学校学生健康状况的决定》，文件表示要“切实改进体育教学，尽可能地充实体育娱乐设备，加强学生体格锻炼”。学校体育进入了新的发展阶段，面对体育教学，一系列新的研究课题逐步提出，主要有：如何研究苏联的体育教学理论；如何研究我国体育教学中的新情况、新经验、新问题，总结新中国的体育教学经验，使之上升到理论上来。在如何正确对待和探究这些课题的工作中，我们在学习苏联及自我探索中积累了一些经验。这段历史可分为两个阶段：第一阶段，新中国成立至“文化大革命”前，这一时期是引进学习苏联，并开始结合中国体育教学实际进行探索的阶段。第二阶段，“文化大革命”十年是体育教学研究的停滞时期。

## 一、第一阶段：中华人民共和国成立至“文化大革命”前在学习苏联中探索

### （一）学习苏联体育教学经验

1. 全面学习苏联的历史背景

中华人民共和国成立初期，国际共产主义运动蓬勃发展与民

① 何东昌. 中华人民共和国重要教育文献（1949 年—1997 年）[M]. 海口：海南出版社，1998：87.

族解放运动兴起。当时以美国为首的西方国家凭借其经济实力和军事优势，对新中国在政治、经济、文化等方面实行封锁，拒绝承认新中国并对新中国施加压力，阻挠其他一些国家承认新中国。新中国要想立稳脚跟，巩固新政权，实现发展，需要在政治上、经济上获得强有力的国际支持和援助。因为从国家利益的角度看，在国家战略之下，两项最重要的战略是发展战略和安全战略。对任何国家来说，发展都是最基本、最重要的事情，而要实现发展，就必须有安全环境，不但要有国内环境的安全和稳定，而且要有国际环境的安全与稳定。[①] 中国作为社会主义大国，成立初期严重缺乏建设社会主义的经验，而苏联是一个有着 30 年社会主义建设历史的国家，我们要走社会主义道路，苏联能够在我国社会主义建设的诸多方面给予支持和帮助。1949 年 6 月毛泽东在《论人民民主专政》中就指出："一边倒，是孙中山的四十年经验和共产党的二十八年经验教给我们的，深知欲达到胜利和巩固胜利，必须一边倒。积四十年和二十八年的经验，中国人不是倒向帝国主义一边，就是倒向社会主义一边，绝无例外。骑墙是不行的，第三条道路是没有的。"[②] 1949 年 10 月 8 日，刘少奇在中苏友协成立大会上作报告，明确指出："中国人民的革命，过去是以俄为师，今后建国，同样也必须以俄为师。"[③] 毛泽东也说，"苏联共产党就是我们的最好的先生，我们必须向他们学习"[④]。"联苏反美"，"采取'一边倒'政策，不仅仅是政治信仰和社会制度上的倾向性，更是当时新中国同国内外敌对势力进行复杂斗争，保卫国家安全的需要，是恢复和发展国内经济的需

---

① 李少军. 国际战略报告 [M]. 北京：中国社会科学出版社，2005：31.

② 毛泽东. 毛泽东选集：第 4 卷 [M]. 北京：人民出版社，1991：1472.

③ 中央教育科学研究所. 中华人民共和国教育大事记（1949—1982）[M]. 北京：教育科学出版社，1983：7.

④ 毛泽东. 毛泽东选集：第 4 卷 [M]. 北京：人民出版社，1991：1481.

要，是我们唯一的选择，也是正确的选择。”[①] “以俄为师”，学习苏联的治国模式，实行社会主义计划经济成为符合当时中国的客观形势和国家利益的必然选择。倒向以苏联为首的社会主义一边的对外战略，为新中国的社会主义建设赢得了一个相对有利的国际环境。

在教育领域向苏联学习，不仅限于间接地吸收西方科学知识，更在于学习苏联的新知识与社会主义新教育模式。向苏联学习，聘请苏联专家被认为是学习苏联最重要的途径。1949 年 12 月 23 日，教育部召开的第一次全国教育工作会议提出，教育改革的基本方针是“吸取旧教育有用经验，借助苏联经验，建设新民主主义教育”。这一方针对教育改革的方向与步骤作出了具体的规定。1949 年 12 月，中央人民政府政务院在《关于成立中国人民大学的决定》中指出：“接受苏联先进的建设经验，并聘请苏联教授，有计划、有步骤地培养新中国的各种建设干部”。同时明确地提出该校的教育方针是“教育与实际联系，苏联经验与中国情况相结合”。[②] 本着“中国要向老大哥学习”的决心，1950 年 2 月 14 日，中苏两国签订《中苏友好同盟互助条约》，这在中华人民共和国成立初期为教育指明了方向。这一时期在教育系统全面引进苏联的教育体制，苏联教育行政制度的基本思想是全国统一的高度集中的“中央集权”管理制。苏联教育体制和管理模式在中国的移植，使中国的教育事业得到迅速恢复和发展。

2. 学习苏联学校体育经验

体育教育事业作为文化教育的有机组成部分，在体育思想上

① 邓小玲. 从“一边倒”到“新型伙伴关系”——三代领导核心的国际战略思想 [J]. 学术论坛，2005 (9)：9-12.

② 中央教育科学研究所. 中华人民共和国教育大事记 (1949—1982) [M]. 北京：教育科学出版社，1983：7.

向苏联学习，得到了党和国家领导人的有力推动。1949 年 10 月 26 日，国家副主席朱德在中华全国体育总会筹备会议上强调，“要学习苏联体育方面的好的经验”[①]。旧中国的体育理论体系主要受美国杜威和威廉士的影响，以实用主义和自然体育思想为主流。改造旧体育，就要改变旧体育教育半殖民地半封建的性质，使之成为在人民民主专政下的社会主义体育教育，建立新的体育教育体制，使体育教育为广大的工农群众服务。

新中国成立以后，在“一边倒”的国家大政方针下，学校体育界立即接受马克思主义理论，迅速投入批判、改造旧体育思想之中。必须全盘否定以往的体育理论学说而转向学习苏联，以全面构建新中国的体育理论体系。中华全国体育总会筹委会副主任徐英超认为，旧中国的体育思想、体育组织和体育方法几乎完全是美国的一套。美国是资本主义发展到帝国主义的国家，它的组织、经济、军事、教育等都是为资产阶级服务的，体育自然也一样。[②] 全面学习苏联，必须清算体育思想中的“崇美”倾向，才能认识到在伟大的社会主义建设中产生的苏联的体育与资本主义国家的体育有着本质的不同。我国学校体育对西方自然主义体育教育思想、体育教学论以及其技术教学过程进行了全面否定。

学校体育全面学习苏联，以苏联为样板，仿照和借鉴苏联模式，通过“走出去”和“请进来”的方式，大力宣传苏联社会主义体育的成就，吸收苏联体育基础理论和体育管理、运动训练等经验，促进学校体育的发展。为加快新体育的建设，邀请苏联专家到中国讲学、做报告，大力宣传苏联的体育成就。1950 年 7 月，苏联体育专家戈尔节拉则受邀在北京清华园举办的首期

① 朱德副主席在中华全国体育总会筹备会议上的讲话 [J]. 新体育，1950 (1)：7.

② 徐英超. 论改造体育的两个问题 [J]. 新体育，1950 (7).

“全国体育工作者暑期学习会”上做了演讲，主题是“关于苏联体育运动的性质、目的和组织形式”。他在讲话中阐述了苏联社会主义体育的本质特征，他说：“苏联的人民体育事业是在伟大的社会主义建设中产生的，苏联的体育已成为苏联人民生活中的重要组成部分。苏联的体育与资本主义国家的体育有着本质的不同，苏联的每个体育工作者及运动员都知道他们的运动的目的不是别的，就是为了承担祖国的生产建设，保卫祖国和保卫世界和平，像这样怀有目标的体育事业，是资本主义国家从来没有的。”[①] 他还对苏联体育在学习中的地位和体育专业人才培养及其作用做了介绍，使中国的体育工作者从思想上认识到苏联体育与美国体育的本质区别，以及苏联体育的先进性。“苏联体育教育是对劳动者进行共产主义教育，增进人民健康，训练他们能够提高劳动生产率和保卫祖国的一种重要手段”。苏联专家到中国讲学，对于中国体育工作者了解、认识苏联体育的性质、成就，树立努力的目标起到了重要的推动作用。

为了更好地了解和学习苏联体育，我们在“请进来”的同时，也主动地“走出去”，派人员出访学习苏联的体育教学经验、体育基础理论、体育管理经验等。1950 年 8 月 28 日至 11 月 28 日，以徐英超为团长的新中国的第一个体育代表团一行 12 人应邀赴苏访问。在两个多月的访问中，代表团参观了苏联田径运动大会、莫斯科斯大林体育大学、中央体育研究院等，对苏联体育运动的组织领导、干部培训和学校体育等问题做了较为系统全面的考察。[②] 回国后在《新体育》上全面介绍了苏联的体制、学校体育等内容，对我国学校体育改革提供了可直接借鉴和参考的经

① 戈尔节拉则. 在全国体育工作者暑期学习会上的讲话 [J]. 新体育，1950 (6)：4.

② 伍绍祖. 中华人民共和国体育史·综合卷（1949—1998）[M]. 北京：中国书籍出版社，1999：40—41.

验，用以改造旧的体育教育，对学校体育的发展产生了重大影响。

学校体育学习了苏联“体育是共产主义教育手段”的理论，把体育课的教学提升到国家战略高度，进行统一管理。《新体育》在1952年第17期对苏联中小学体育教学法进行了系统、详细的介绍，同时讨论如何“积极地学习先进苏联体育教育法”的问题。在凯里舍夫理论的影响下，教育部于1953年组织专家翻译了苏联十年制学校体育教学大纲。为加大学习苏联体育教学大纲的力度，《新体育》在1953年第12期上还专门配发“学习苏联中小学体育教学大纲”的社论，指出：“苏联中小学体育教学大纲用辩证唯物主义的巴甫洛夫学说武装起来的生理学、心理学为依据，按学生不同性别、不同年龄的特点，科学地规定了具体的教材和教学方法。因此，苏联中小学体育教学大纲贯穿了健康、全面发展和实用性的原则，有着高度的思想性和完整的科学性。”全国体育教师学习和借鉴苏联体育教学大纲，使体育工作者树立“苏联体育的科学理论超过资本主义国家”① 的观点。学校体育主要以巴甫洛夫条件反射学说和凯洛夫教育学理论为基础，解决体育教学中的理论问题。巴甫洛夫的条件反射学说是其自然科学的基础，以条件反射为核心的高级神经活动规律作为理论依据解释人的身体活动现象乃至阐述身体活动所应遵循的规律；依据凯洛夫教育学原理指导体育实践，其中心是以传授知识、培养道德品质为目的，强调教师、课堂、教材三中心，重视课堂教学。通过对苏联学校体育的宣传和学习，学校体育工作者对苏联学校体育的本质、指导思想、教学计划、教学大纲、教学方法、管理模式等有比较全面的了解。从思想上以苏联为榜样，照搬苏联体育教学模式，成为新中国成立初期建设我国学校体育的必然选择。

---

① 苏竞存．学习苏联先进体育的点滴体会［J］．新体育，1952（25）：11.

### （二）规范我国体育教学工作

我国体育教育界在借鉴学习苏联学校体育的基础上，将苏联在体育教育上取得成效的模式照搬过来，用以改造我国的体育教育。

1. 确定新中国学校体育的地位和任务

1949 年 12 月 23 日，教育部在北京召开第一次全国性教育工作会议，讨论全国性的教育问题，提出了对旧教育采取“坚决改造，逐步实现”的方针，坚持“有步骤地、谨慎地进行旧有学校教育事业和旧有社会文化事业的改革工作，争取一切爱国主义知识分子为人民服务”。体育教育是社会主义教育事业的重要组成部分，党和政府在进行社会主义建设和发展教育的同时认识到做好学校体育和卫生工作的重要意义，把学校体育的改革纳入了议事日程，对体育教育在学校教育中的地位和任务做了明确的阐述，这对改变忽视学生健康和忽视学校体育的旧观念起了重大的作用，学校体育得到了应有的重视和加强。1950 年和 1951 年，毛泽东主席针对学生营养不足、学习负担过重、健康状况不良的实际，先后两次作出“健康第一，学习第二”的指示。1950 年 6 月19 日，毛泽东主席写信给教育部长马叙伦，提出：“要各校注意健康第一，学习第二。营养不足，宜酌增经费。学习和开会的时间宜大减。病人应有特殊待遇。全国一切学校都应如此。”1951 年 1 月 15 日，毛泽东主席就学生健康问题又写信给马叙伦，再次强调：“健康第一，学习第二的方针，我以为是正确的。”① 1951 年 7 月，中华全国学生联合会第十五次代表大会决议提出：“积极开展学校中的体育和文化、娱乐活动，努力改进

① 《中国教育年鉴》编辑部. 中国教育年鉴（1949—1981）[M]. 北京：中国大百科全书出版社，1984：450.

全国同学的健康状况，要使每一个同学都具有强健的体魄，能够胜任紧张的学习和笨重的工作。”1951年8月，中央人民政府政务院在《关于改善各级学校学生健康状况的决定》中指出：“切实改进体育教学，尽可能地充实体育娱乐的设备，加强学生体格的锻炼”；规定“学生每日体育、娱乐活动或生产劳动时间，除体育课及晨操或课间活动外，以一小时至一小时半为原则”；认为“增进学生身体健康，乃是保证学生完成学习任务，并培养出有强健体魄的现代青年的重大任务之一”。[①] 从此，学校体育开始走向全面建设的道路。

2. 制定各级学校体育教学规范标准

学制，即各级各类学校的系统，是一个国家学校教育制度的集中体现。旧中国自1922年学制颁布后，延续近30年没有重大变化，这一以模仿欧美为中心的旧学制与新中国的教育方针、政策之间存在着明显的矛盾，在一定程度上阻碍了新中国教育事业的发展。[②] 为此，1951年教育部组织了学制改革研究委员会，在征集各方面意见的基础上拟定了改革方案。5月政务院文教委员会开会研讨教育部草拟的学制方案，10月1日以中央人民政府政务院命令的形式颁布了《关于改革学制的决定》[③]（以下简称《决定》），产生了中华人民共和国第一个学制。《决定》指出：“我国原有学制（即各级各类学校系统）有许多缺点……在目前，全国学制的完全统一虽然还有一些困难，但是确定原有的和新创的各类学校的适当地位，改革各种不合理的年限与制度，并使不同程度的学校互相衔接，以利于广大劳动人民文化水平的提高，

---

① 何东昌. 中华人民共和国重要教育文献（1949—1975）[M]. 海口：海南出版社，1998：99—100.

② 高奇. 中国教育史研究：现代分卷 [M]. 上海：华东师范大学出版社，1994：383.

③ 高奇. 中国现代教育史 [M]. 北京：北京师范大学出版社，1985：295.

工农干部的深造和国家建设事业的促进，却是必要的和可能的。”为实施新学制中的有关规定，政务院和教育部等部门制定和颁发了一系列有关各级各类学校的规程、办法、决定，明确规定了各级各类学校体育教育的目标和任务。

为了提高体育课的教学质量，1950 年教育部颁布了《中小学体育暂行标准（草案）》，将学校体育的目标细化为三个层次：培养学生的健美体格，养成运动的习惯和形成团结友爱的品质。其根本目的均在于打好为人民、为国家的建设而战斗和服务的体力基础。[①] 强调“为人民服务”的本质与核心，把增强体质作为体育工作的根本任务，强调体育思想的教育功能。在各级学校体育课程的内容设置上，选择手榴弹、刺杀、匍匐前进、越野跑等军事体育项目。这个标准的出台对于明确中华人民共和国成立初期我国体育教学的发展方向起到了一定的推动作用。这个标准也是我国中小学体育教学大纲的雏形。

1952 年教育部和国家体委联合颁布《学校体育工作暂行规定》，明确了“促进学生身心发展，增强体质，并对学生进行道德品质的教育，使他们能很好地完成学习任务，从事社会主义建设和保卫祖国”的目标。为达成这一目标，教育部于 1952 年在《各级各类学校教育计划》中正式规定：从小学一年级到大学二年级，均开设体育必修课，每周两学时，以保证学校体育目标的实施。以法规的形式确定了体育课是各级各类学校必修课程之一。这改变了旧中国体育课可有可无的状况，极大地促进了学校体育的发展。时至今日，此项规定仍然在学校体育中发挥着巨大作用。

1956 年教育部在参考苏联中小学体育教学大纲的基础上，编

---

① 沈建华，张家喜．建国 60 年我国学校体育观的审视与建构［J］．上海体育学院学报，2009，33（5）：67－69.

定了新中国成立后第一部中小学体育教学大纲：《小学体育教学大纲（草案）》和《中学体育教学大纲（草案）》。中小学体育教学大纲以目的和任务的形式明确提出，体育教育是全面发展教育的一个组成部分。体育教育的目的是把学生培养成为全面发展的社会主义社会的建设者和保卫者。[①] 同时，各类学校的体育教学大纲规定了体育课的教学任务和内容，强调以锻炼身体、增进健康为主。大纲明确了编写教学内容的原则，体现了教材分类的特点。规定：学校体育教学的指导思想以掌握体育基本知识、基本技术和基本技能的“三基”为主；在内容上，以基本体操、游泳、田径为主；在教学方法上，主要采用以教师为中心，以传授运动技能为主的整齐划一的教学；在学校体育功能的定位上，强调体育教育的生物功能与政治教育价值。大纲初步确立了中小学体育课程的目标内容，强调体育教学为社会主义经济建设服务，培养学生学习能力和锻炼身体保家卫国的价值取向，同时开始关注学生个体价值的发展。

体育教学大纲的出台克服了体育教学的随意性，使各级体育教学工作有了统一规范的要求，并初步建立起我国学校体育教学的课堂常规，提高了学校体育教学水平，学校体育工作进一步规范。自 1956 年颁布第一套全国性的各级各类学校体育教学大纲开始，新中国的学校体育发展走向了以苏联为样板的“主智主义教育”道路，即学校体育以运动技术教学为中心，教法和组织以教师为中心、以教材为中心，标志着具有苏联模式的我国学校体育体系形成。从此，苏联学校体育“三中心”模式在我国基本形成，并一直影响我国学校体育近半个世纪。同时也标志着苏式体育教学理论在我国中小学校体育领域得到全面的认可。

---

① 课程教材研究所. 20 世纪中国中小学课程标准·教学大纲汇编：体育卷[M]. 北京：人民教育出版社，1999：37，459.

学习苏联的经验，“模仿”是这一时期体育教学改革的主要特征。在中华人民共和国成立初期，重视学习苏联体育教育的先进经验，以苏联体育教育理论指导我国体育教育工作是正确的。新中国学校体育在借鉴模仿中明确了体育在学校教育中的地位、目标和要求，克服了旧中国体育课的随意性，使学校体育得到了快速发展，体育教学也走上了规范化轨道。但是苏联这种全国统一的教学大纲，教师不参与课程的编制，致使教师的主动性和创造性未得以充分发挥；全国统一的教学大纲缺乏因地制宜的自主性和灵活性。而我们在引进学习中，存在完全照搬、机械模仿，结合我国学校实际不够的现象，这在一定程度上制约了我国学校体育教学的发展。

### （三）探究我国体育教学问题

学习外来经验是发展和完善个体的必由之路，但一切外来的经验都必须通过消化、吸收，与自己的实际相结合，在已有经验的基础上，从实际出发，走自己的道路。在社会主义实践中，苏联模式逐渐暴露出了明显弊端，已经不适应中国实际，这促使我们对照搬苏联模式的做法进行反思。1956 年初，在听取重工业口各部汇报时，就学习外国问题，毛泽东说：一切国家的先进经验都要学。学习苏联也不要迷信。对的就学，不对的就不学习。向苏联和其他一些国家学习，把他们的先进经验和我国的具体情况结合起来，创造性地加以运用。毛泽东强烈要求摆脱苏联模式，以苏联为鉴，总结自己的经验，根据中国的具体情况，探索适合中国的社会主义建设道路。1956 年 4 月，毛泽东在《论十大关系》中，提出向国外学习的口号。他针对中国和国外的关系明确指出：“我们的方针是，一切民族，一切国家的长处都要学，政治、经济、科学、技术、文学、艺术的一切真正好的东西都要学。但是，必须有分析有批判地学，不能盲目地学，不能一切照抄，机械搬运。他们的短处、缺点，当然不要学。”“对于苏联和其他社会主义国家的经验，也应当采取这样的态度。”① 毛泽东清醒地认识到，中国的社会主义建设要取得成功，既不能闭关锁国，也不能照搬照抄，既要学习国外一切好的东西，更要依靠自己的力量，独立自主，自力更生，必须走自己的路，把马克思主义基本原理同中国建设的具体情况相结合，找到中国建设社会主义的具体道路。毛泽东在《论十大关系》中提出了依靠自己的力量建设社会主义，这标志着中国开始独立自主探索社会主义建设道路，但并没有完全摆脱苏联的影响。

同时，在教育领域也进行了独立自主的探索，学校开展了“教育大革命”。1957 年 2 月，毛泽东在最高国务会议第十一次扩大会议上发表《关于正确处理人民内部矛盾的问题》的重要讲话，指出：“我们的教育方针，应该使受教育者在德育、智育、体育几个方面都得到发展，成为有社会主义觉悟的劳动者。”② 社会主义建设时期教育方针的提出，从根本上明确了社会主义时期教育的性质和任务。1958 年 9 月 19 日，中共中央、国务院发布《关于教育工作的指示》，明确规定：“党的教育工作方针，是教育为无产阶级的政治服务，教育与生产劳动相结合。”③ 1958 年，我国试图突破苏联教育模式的局限，创立适合中国情况的社会主义教育制度，开展了以勤工俭学、教育与生产劳动相结合为中心的教育革命。这次教育革命，也是遵循毛泽东同志提出的“应该使受教育者在德育、智育、体育几方面都得到发展，成为有社会主义觉悟的有文化的劳动者”的教育方针进行的。到了 1961 年，鉴于“大跃进”的经验教训，党中央决定对国民经济

① 毛泽东．论十大关系［M］．北京：人民出版社，1976.

② 何东昌．中华人民共和国重要教育文献（1949 年—1997 年）［M］．海口：海南出版社，1998：725.

③ 中华人民共和国教育部办公厅·教育文献综合汇编［Z］．1959：4—15.

实行“调整、巩固、充实、提高”的方针，在教育领域也进行了纠偏教育大跃进式的改革。教学改革贯穿于教育改革中，它涉及教学制度、课程与教材、学生学习等方面，强调建立我国自己的社会主义教育的根本制度，对照搬苏联的一套做法进行了批评。

学校体育教学这一时期的改革力求摆脱简单移植导致的不切实际的影响，建立适合国情的体育教学体系。结合 1956 年的第一部《体育教学大纲》，1961 年国家组织人员编写了我国中小学体育教材。1961 年颁布了新中国成立后第二部中小学体育教学大纲。大纲与教材合订为一本，具有过渡性。教学大纲明确提出了体育教学的目的：体育是学校教育的一个重要方面，其目的在于增强学生的体质，并通过体育向学生进行共产主义教育，使学生能更好地学习、参加生产劳动和准备保卫祖国。[①] 同时，规定了体育教学的任务。教材从增强学生体质出发，根据学生的年龄特征进行选编。教材按年级编排，在内容上结合国情，把体育教材划分为基础教材、选用教材两部分，特别是把传统民族体育纳入必修教材之中，使我国的传统体育运动文化在学校体育中得到继承和发展。首次将中国民族传统体育中的武术正式列入教材。这两部大纲是根据我国的实际情况和教学经验编订的，“在一定程度上摆脱了苏联体育教学大纲的影响，注意与我国的实际情况相结合，确立了增强学生体质是学校体育教学的指导思想，加大了大纲教材的统一性和灵活性，改变了脱离我国实际，只强调统一性和可行性的做法，促进了学校体育教学改革的发展”[②]。“初步确立了具有我国特点的、以‘增强学生体质’为主的体育课程

---

① 课程教材研究所. 20 世纪中国中小学课程标准·教学大纲汇编：体育卷[M]. 北京：人民教育出版社，1999：37.

② 李宏印. 体育教育教学理论与实践 [M]. 西安：西安地图出版社，2006：17.

目标。”[①] 标志着新中国学校体育开始走出苏联模式，探索本土化学校体育。我国学校体育突出“锻炼身体建设祖国，锻炼身体保卫祖国”的指导思想，强调“为人民服务”的本质和核心，明确学校体育的工作任务是增强体质，充分突出了学校体育服务于政治的工具性取向。

1963 年，中共中央颁布《全日制中学暂行工作条例（草案)》和《全日制小学暂行工作条例（草案)》（以下简称《条例》)，对稳定教学秩序、改进教学工作、提高教学质量起到了积极作用。1963 年 3 月，中共中央颁布《中学五十条》《小学五十条》，并同时下达《关于试行条例的指示》(以下简称《指示》)。《指示》阐述了《条例》的主要内容，指出提高教育质量是一项具有战略意义的任务，应该摆在党和政府的重要议事日程上来。《条例》对学校体育工作提出规范性要求，在总则中提出：使中小学生身心得到正常的发展，具有健康的体质，培养良好的生活习惯和劳动习惯。要求学校必须以教学为主，努力提高教学质量；学校必须根据中华人民共和国教育部统一规定的教学计划、教学大纲和教科书进行教学等。[②] 各省、市应根据《条例》“有计划地组织教师进修，建立和健全教师的进修制度，保证教师进修时间”，保证体育教学质量。《条例》的颁布，体现了党和国家对学校教育和体育卫生工作的重视和关怀，对学校体育工作的规范化及其健康发展，对调动体育教育工作者的积极性，都起到了十分重要的作用。

在相对稳定的学校体育教学环境下，我国学者开始针对我国体育教学中的问题进行研究。这一阶段的体育教学研究注重对

---

① 耿培新，李志刚．课程改革：21 世纪初的体育教学改革热潮［C］//教育部体育卫生与艺术教育司．中国学校体育 30 年．北京：高等教育出版社，2010：79.

② 李晋裕，滕子敬，李永亮．学校体育史［M］．海口：海南出版社，2000.

“怎么教”的教法研究，并对体育教学中课时不足、质量不高、师资和场地缺乏等情况进行了专门研究。但其学科内容还不完备，对这一阶段进行的体育教学改革，基本局限在对方法和教学模式的实验和探索，未能触及和出现全国范围的全方位改革。①尽管此阶段对学校体育的研究面不广，研究深度不够，研究视野不宽，但体育教学研究者开始在全面学习苏联的基础上，关注我国体育教学实际，探究体育教学中存在的问题，力图探索出适合我国国情的体育教学理论体系。

## 二、第二阶段：“文化大革命”十年学校体育教学秩序遭到破坏

1966 年 5 月，中共中央政治局扩大会议通过的《中国共产党中央委员会通知》成为“文化大革命”开始的标志。同年 8 月，中共八届十一中全会通过《中共中央关于无产阶级文化大革命的决定》，标志着“文化大革命”全面发动。②

1966 年到 1976 年持续十年的“文化大革命”，给国家和人民带来了严重的灾难，我国教育事业也遭到了新中国成立以来最严重的破坏。很多所谓“学术权威”被批斗或迫害，许多优秀文化遗产被破坏或毁灭。各类教育事业也在这场运动中被严重破坏。在“大跃进”和“教育革命”的双重冲击下，我国的学校教育出现了严重的错误倾向，大批学生“停课闹革命”，学校教育教学计划和课程设置被打乱，教师被下放，整个教育事业陷入了停滞状态。同整个学校教育一样，体育教学秩序也遭受了严重的破坏，正常的教学秩序被打破，新中国成立后刚刚走上轨道的教

① 曲宗湖，顾渊彦．“学校体育学”三十年历程［J］．中国学校体育，2009(8)：12－17.

② 何沁．中华人民共和国史［M］．北京：高等教育出版社，1997.

育体系被完全否定。

## （一）各级学校均取消体育课

受极"左"思潮的影响，学校体育工作的指导思想发生了偏差，社会主义的学校体育被认为是阶级斗争的工具，对全国学校体育教育的正常发展造成了冲击。"文化大革命"一开始，在"停课闹革命"的冲击下，学校"以阶级斗争和路线斗争为主课"，在教学上否认了1956年编制的体育教学大纲，教师和学生频繁参加劳动，认为"体育无用"，取消体育课，体育场馆、设施被破坏。各种各样改造体育课的主张此消彼长。"以劳动代替体育"和"以军训代替体育"是这一时期的主要表现内容和特点。体育教师下放、流失；行之有效的规章制度被否定，符合学校体育工作的思想理论受到批判，社会主义学校体育思想被肆意篡改和极度扭曲。"文化大革命"前新中国的体育教学大纲、体育教学方法、体育课程设置等被视为"修正主义货色"而进行大批判，使体育教学工作无所遵循。"文化大革命"破坏了学校体育正常的教学秩序，阻碍了体育教学理论与实践的发展，体育教学质量一落千丈，青少年儿童体质普遍下降。这一时期，新中国成立以来初具规模的学校体育被完全破坏。

## （二）高校体育教育处于瘫痪状态

受"文化大革命"的影响，高校的体育教育也处于瘫痪状态，体育院系与其他高校系科一样受到破坏，一些院系被迫合并或撤销，一些院系停止招生，教学科研停顿下来。教师队伍受到冲击，许多体育专家和体育教师被剥夺了科研和教学的权利，成为批判斗争的对象，下放锻炼和改造，一些中、青年骨干教师也被迫下乡，接受政治上的再教育，荒疏了业务。这些严重影响了体育教师队伍质的提高和量的扩大，导致师范教育质量严重下降，同世界各国体育教师教育发展的差距进一步拉大。高等体育院校停止招生 4 年，中等体育学校停止招生 5 年，据不完全统计，这一时期，我国少培养了至少 100 万名高等体育院校毕业生和 200 万名中等体育学校毕业生。① 刚刚走上正轨的各级体育专业院校更是受到摧毁性的破坏，随着体育院校的停办，我国的体育教师进修培训机构也基本处于瘫痪状态，这直接导致我国体育师资队伍出现青黄不接、后继乏人的不利局面。

这一时期，体育是无产阶级斗争的工具，新中国建立和发展起来的学校体育事业被全盘否定，已基本形成的学校体育卫生规章制度、体育教学理论体系以及教学计划、教学内容和教学方法等，统统被说成是“封、资、修”的东西。体育教学理论研究基本上变成了“经验汇编”“政策解说”“导师语录”，实际上完全取消了体育理论研究和体育教学规律的探讨，致使体育教学理论发展遭到严重的破坏。体育教学不管在理论上还是在实践中都违背了体育教学发展的客观规律，严重阻碍了体育教学理论的正常发展，致使我国体育教学论的学科发展遇到严重阻碍，出现了断裂。

## 三、体育教学论学科探索时期的特征

### （一）以师资培养为主的体育专业教育的发展

学校体育走上正轨，急需大量体育教师，为了开展学校体育，提高学校体育的教学水平和质量，新中国成立后以体育师资培养为中心的体育专业教育得到高度重视。1955 年教育部、体育运动委员会、卫生部共同下发的《关于改进中小学体育工作的

① 刘淑慧．我国体育专业教育发展研究［J］．体育文化导刊，2014（4）：135－138.

联合指示》专门对当时学校体育存在的提高体育教师质量的问题进行了论述，指出提高体育教师的政治和业务水平是改进学校体育工作、提高学校体育工作质量的重要环节，应以学习苏联中学体育教学大纲的组织和教学法的指示部分为主，要以苏联中学体育教学大纲及苏联小学、初中、高中体育教学参考书为学习的主要参考书。[①] 苏联专家帮助教育部及各高校制订、修订教学计划，制定教学大纲，编写讲义、教材，帮助指导生产实习、课程设计和毕业设计等，由此推动高校体育教育专业的发展。

1. 体育学院的成立

体育教师的培养仍在高等师范院校、少量综合性大学以及少量体育专科学校的体育系科进行。1949 年，中华人民共和国刚刚成立，百废待兴，体育师资非常缺乏，全国体育学校和系科在校学生总数只有 282 人。[②] 1949 年，中华全国体育总会筹委会正式成立，全国各地的群众体育运动初步发展起来，急需大量的体育专业干部、体育教师、教练员、科研人员和管理人员。[③] 全国 16 个体育专业人员培养机构，没有统一的、有计划的教育方针内容和方法，而且培养目标仅限于中等学校的师资。至于各级体育分会及工会机关、部队的体育专业干部，尚无一个专门机构负责培养。

新中国成立后的师范教育分成中等师范学校和高等师范学校两类。学校体育的普及，加大了对体育教师的需求。体育领域的师资、工作者和科研人员奇缺，培养体育专门人才的高等教育也在全面学习苏联模式中发展。根据中共中央与政务院 1952 年 5

---

① 关于改进中小学体育工作的联合指示 [N]. 江苏教育，1955-09-28.

② 董翠香. 新中国 50 年体育师资队伍培养回顾与展望 [J]. 北京体育大学学报，2000，29 (3)：319-321.

③ 何志武. 政治软实力视角下的体育功能拓展 [J]. 武汉体育学院学报，2014，38 (5)：31-34.

月发出的“以培养工业人才和学校师资为重点，发展专门学校，整顿和加强综合大学”方针进行的院系调整，明确主要发展工业学院，尤其是单科性专门学院[①]，奠定了我国高等学校的基本格局。“培养专才”的价值取向在这种情况下得以形成和强化，为提高人才培养的针对性，对专业人才培养采取了“谁使用，谁培养”的原则。1952 年 6 月 10 日毛主席为中华体育总会成立题词“发展体育运动，增强人民体质”，以此为号召，中央决定在全国建立体育学院。仿照苏联高等教育模式，我国开始在高校设置体育专业，以培养体育教师为主，体育学院中的“体育教育”专业的学生是由体育系来培养。1952 年底，全国高等院校仿效苏联高等教育体制完成了院系调整，一些体育系科被并入新成立的体育学院。这次教育结构的调整，形成了专业设置专门化、单一化的专门院校。[②] 1952 年 11 月，新中国第一所体育学院华东体育学院（今上海体育学院）成立。它由原南京大学体育系、华东师范大学体育系和金陵女子文理学院体育系合并而成，吴蕴瑞为首任院长。教育部、国家体委、财政部于 1953 年 8 月 31 日下发了《为调整若干高师体育系科，成立体育学院的联合通知》，指出：为了逐步解决目前全国体育师资与工作干部不足的问题，拟以几个高师或大学的体育系科为基础，在中央及各个行政区分别成立体育学院……以北京师范大学体育系为基础，在北京成立中央体育学院。1953 年 11 月，中央体育学院（今北京体育大学）成立。1953 年，根据中央文化教育委员会的指示，将师范院校的体育系科也归并入新成立的体育学院。1953 年 11 月，政务院根据教育部召开的全国高等师范教育会议的建议，指出：各地体育

---

① 何东昌. 中华人民共和国教育史（上卷）[M]. 海口：海南出版社，2007：74.

② 郑刚，兰军. 20 世纪 50 年代高等教育界聘请苏联专家发展历程、特点及其影响 [J]. 吉首大学学报（社会科学版），2007，28（1）：124－150.

学院亦有培养一定数量的中等学校体育师资的任务。1953—1954年，先后成立了中南体育学院、西南体育学院、西北体育学院和东北体育学院，设体育专业一种。1954年，包括莫斯科体育学院博士凯里舍夫在内的一批苏联专家来华任教，指导制定了一系列的教学文件，建立健全了我国各体育学院的教学秩序。1955年底至1956年初，我国邀请了12名有经验的苏联教练员来华工作，他们和此后陆续来华工作的其他教练员系统地介绍了苏联和东欧先进的训练理论和训练方法。苏联体育专家对我国体育院校的建设、教学秩序的健全、师资水平的提高起到了较好的推动与促进作用。

到1957年，全国先后创办了6所体育学院（见表2-1）和11所体育学校。1959年，《关于培养中等学校体育师资工作的意见》发布后，恢复和重建了一批师范院校的体育系（科），调整了办学方向和培养目标，进一步明确了办学指导思想。人才培养是高等教育的根本任务，人才培养模式是高教体系的核心。这些专门院校的成立，为新中国成立初期我国体育师资培训和体育教师队伍形成，促进新中国学校体育事业的发展，提供了重要的人才基地。来自苏联的体育专家全方位地参与到我国高等体育教育改革中，为新中国培养了宝贵的体育人才，为中国体育的全面发展提供了人力上的支持与帮助。我国学校体育专业教育在苏联体育专家的热情帮助指导下，制定了各个专业的教育计划、教学大纲、主要教材、教学组织与制度、教学作业的方式、方法等一系列教学文件，对建立健全教学秩序和培养体育师资起到了重要的作用。

表 2-1 1952—1954 年我国体育学院成立情况一览表①

| 学院原名称 | 创办时间 | 学院更名后名称 | 更名时间 | 创办基础 |
|---|---|---|---|---|
| 华东体育学院 | 1952.11.08 | 上海体育学院 | 1956 年 | 南京大学、华东师范大学、南京金陵女子文理学院等院校体育系、科合并组成 |
| 中央体育学院 | 1953.10.01 | 北京体育学院 | 1956 年 | 北京师范大学体育系 |
| 中南体育学院 | 1953.10.08 | 武汉体育学院 | 1956 年 | 江西南昌大学体育专修科 |
| 西南体育学院 | 1954.03.10 | 成都体育学院 | 1956 年 | 成都体育专科学校 |
| 西北体育学院 | 1954.09.21 | 西安体育学院 | 1956 年 | 西北体育干部训练班、西北师范学院体育系 |
| 东北体育学院 | 1954.10.15 | 沈阳体育学院 | 1956 年 | |

表 2-2 1949 年前后体育人才培养情况比较②

| 时间 | 体育学院数 | 体育系（科）数 | 在校学生人数 | 毕业人数 | |
|---|---|---|---|---|---|
| | | | | 总计 | 年平均毕业人数 |
| 1949 年前 | 0 | 39 | 282（1948 年统计） | 1000（30 年） | 33 |
| 1949—1957 年 | 6 | 38 | 102572（1956 年统计） | 2629（6 年体院） | 438 |

我国体育师资也是由师范学校体育班、师范专科学校体育科、体育学院和体育系（科）培养的。体育师范教育开始探索并

① 许红峰，陈作松，黄汉升，等．建国初期我国体育科技发展的历史回眸[J]．中国体育科技，2000，36（10）：3-7.

② 谷世权．中国体育史［M］．北京：北京体育大学出版社，2003.

形成富有特色的培养模式。1963年5月20日至30日，国家体委在北京召开了全国体育学院工作座谈会。会议通过讨论，确定培养中等学校体育教师是体育院、系共同的主要任务。其他体育人才，主要指专项老师、教练员和研究生，应根据国家需要和学校条件进行安排。明确对中等学校体育教师的要求：必须全面地、扎实地学好并掌握基础理论、基本知识、基本技能和实际工作能力，使学生能够适应中等学校教学和开展群体活动、业余训练的需要。修订了1960年前的本科教学计划。1963年8月，教育部颁发《体育专业教学计划（草案）》，规定体育专业教育的基本任务是培养中等学校体育教师。全国各体育学院和系（科）办学思想的明确和体育专业人才培养目标、任务的确定，改变了过去教育观念含混不清的状况，对稳定教学秩序、提高教学质量起到了关键性作用。这些院、系的建立，大大缓解了当时学校体育师资需求矛盾，初步形成了培养各级体育人才的基地和较为完备的体育人才培训制度。

2. 开启新中国体育专业研究生教育的新纪元

随着我国体育事业的发展，特别是体育院校的成立，迫切需要高层次的体育人才。据不完全统计，从清末至1949年，全国体育专业毕业人数仅一万人左右。[①] 体育人才十分缺乏。体育研究生教育基本空白。当时中国高等教育在研究生层次上异常薄弱，相当于博士生的教育层次甚至空缺，这也与苏联高教模式有一定关系。苏联的博士生层次规模甚小，并且博士学位的获取不须攻读学业，而是有关人员取得副博士学位之后，在自己的工作岗位上从事深入的科研实践，做出成就后提交相应水平的论文，

① 毛振明. 学校体育发展史［M］. 桂林：广西师范大学出版社，2005：114.

答辩通过后可授予博士学位。[①]

政务院于1951年10月颁布的《中央人民政府政务院关于改革学制的决定》中明确指出：大学和专门学院得设研究部，修业年限为二年以上，招收大学及专门学院毕业生或具有同等学力者，与中国科学院及其他研究机构配合，培养高等学校的师资和科学研究人才。[②] 对研究生教育的目标、管理机构、招生条件提出了具体的要求。这一决定为加快体育高层次人才培养创造了条件。1953年11月27日，高等教育部发布《高等学校培养研究生暂行办法（草案）》。这是新中国成立后颁布的第一部关于研究生教育的专门法规，它的出台确立了研究生教育的地位，为我国体育专业研究生的培养提供了重要的制度保障。

1954年，新中国开始了体育专业的研究生教育，中央体育学院（今北京体育大学）首先设立了研究生部，下设研究部办公室和编译室，主要负责研究生、科学研究、翻译室和专家等四个方面的工作，由赵斌副院长领导研究部工作。[③] 开始培养研究生并开展体育科学研究工作，开启了我国体育专业研究生教育的新纪元。

1954年暑期后要开办两年制研究生班，而当时主要是向苏联学习，聘请苏联专家指导了一批新中国体育理论研究生。1954年2月至1956年9月，北京体育学院先后聘请了体育理论、运动生理、田径、足球、体操、游泳、运动解剖、卫生等八个专业

---

① 谢雪峰. 从学习到改革：中国体育高等教育与苏联模式［J］. 武汉体育学院学报，2009，33（5）：11－15.

② 中央人民政府政务院. 中央人民政府政务院关于改革学制的决定［J］. 人民教育，1951（11）：53－54.

③ 北京体育学院志编写组. 北京体育学院志［M］. 北京：北京体育学院出版社，1994：167.

的十位苏联专家担任指导教师。[①] 第一位苏联体育教育理论专家凯里舍夫于1953年12月12日来到中央体育学院，并受聘担任院长顾问，系统讲授了“苏联体育教育理论”。凯里舍夫的体育理论体系，基本上移植于凯洛夫的教育学体系。凯里舍夫认为，体育教育是一种特殊的认识过程，其内容实质为传授体育的“三基”，即学校体育应教授体育知识、体育技术，习得和形成体育运动技能。出于对苏联体育经验的崇拜和对日本、美国的全盘否定，从此苏联体育理论体系被照搬到中国。

随后又有运动生理学专家吉潘莱特尔和柏琴柯、田径专家赫鲁晓夫、足球专家苏施柯夫、体操专家柯裴托夫和布列诺克、游泳专家弗尔日斯涅夫斯基、解剖学专家贝柯夫以及卫生专家卡玛特金诺夫前来中央体育学院任教。上海体育学院也于1957年聘请了体育理论专家鲍·谢·格拉明尼茨基、排球专家阿·格·阿依列扬茨、篮球专家尤·卡·拉古纳维邱斯前来任教。[②] 开始培养体育理论、排球、篮球三个专业的研究生。“这些导师通过系统授课将苏联的体育理论、生理学、解剖学、卫生学、田径等学科领域的研究成果带入新中国。另一方面，由这批专家指导的研究生的许多研究成果，对进一步推动和促进新中国的体育理论、生理学、解剖学等学科建设产生了积极的作用。”[③] 苏联专家良好的师德师风、精湛的业务水平以及实用的授业解惑的教学方法，使研究生班的学员受益匪浅。截至1959年10月，北京、上海体育学院已培养体育理论、运动生理、人体解剖、体操、足

---

① 北京体育学院志编写组. 北京体育学院志［M］. 北京：北京体育学院出版社，1994：176.

② 俞大伟. 苏联对新中国体育援助的历史审视［J］. 体育文化导刊，2015，38(4)：12-17.

③ 曹继红，王揖涛，茹秀英，等. 论新中国中外体育文化交流及其对中国体育发展的影响［A］//第七届全国体育科学大会论文摘要汇编（一）. 2004：26-28.

球、篮球、排球等专业研究生 200 多人（见表 2—3）。

**表 2—3　1951—1965 年我国体育专业研究生培养情况一览表**

| 年　份 | 在学研究生数 | 招生数 | 毕业生数 |
|---|---|---|---|
| 1951 | 9 | — | — |
| 1952 | 10 | 1 | — |
| 1953 | — | — | 9 |
| 1954 | 86 | 51 | — |
| 1955 | 128 | 40 | — |
| 1956 | 179 | 79 | 29 |
| 1957 | 139 | 60 | 95 |
| 1958 | 81 | — | 56 |
| 1959 | 6 | 6 | 81 |
| 1960 | 76 | 53 | — |
| 1961 | 93 | 20 | — |
| 1962 | 95 | 3 | — |
| 1963 | 38 | 2 | 48 |
| 1964 | 12 | 4 | 27 |
| 1965 | 18 | 10 | 3 |

资料来源：《中国教育年鉴》编辑部. 中国教育年鉴（1949—1981）[M]. 北京：中国大百科全书出版社，1984.

在苏联专家的帮助下，新中国的体育专业研究生教育得到了较快的发展，为后来我国体育专业研究生自主培养模式的建立提供了宝贵经验。研究生班的谷世权教授、王则珊教授、李晋裕先生等，也为我国体育理论研究做出了突出贡献。但是这一时期的体育研究生培养也存在着人才培养规格单一，课程设置不足，对中苏文化差异、条件差异分析研究不够，机械式照搬苏联教育模式，研究生参加政治运动多、劳动多，重实践轻理论，科学研究工作和训练的时间相对较少等问题。① 培养质量总体上达不到应有的水平。1959 年苏联专家撤走后，我国体育专业在学研究生数量急剧下降，从 1958 年的 81 人下降到 1959 年的 6 人。中苏关系破裂后，我国开始进行新的研究生培养模式的探索，并逐步对苏联体制遗留的问题进行了改革，从此踏上了自主培养体育专业研究生的道路。根据教育部 1963 年 4 月 9 日颁发的《高等学校培养研究生工作暂行条例（草案）》，我国体育专业研究生教育的培养目标仍是“体育教学科研型人才”，但培养计划强调研究生课程学习和科学研究工作相结合，对研究生的入学考试、培养计划、课程学习、导师遴选等都有具体的要求，研究生培养质量逐步提高。这些研究生毕业后，成为我国体育界各个方面的骨干力量，对我国体育事业的发展起到了促进作用。

3. 体育学院培养课程设置仿效苏联专才模式

苏联体育学院师范系实行学年制，学制四年，课程设置分为基础课、专业基础课、专业技术课、选修课四类（见表 2-4）。我国体育教育人才培养仿效苏联的“专才”培养模式，课程设置与苏联模式差别不大。

**表 2-4　苏联体育学院师范系课程设置②**

| 课　程 | 科　目 | 学　时 |
|---|---|---|
| 基础课 | 社会政治学科（包括苏共党史、马列主义哲学、政治经济学、科学共产主义、科学无神论基础、苏联法律） | 500 |
| | 外语 | 210 |

① 韩志芳，张爱红，谭华．20 世纪 50 年代我国体育专业研究生教育回顾与评析［J］．北京体育大学学报，2015，38（5）：84－89.

② 滕子敬．学校体育研究与探索［M］．北京：北京体育大学出版社，2004：223－224.

续表2—4

| 课　程 | 科　目 | 学　时 |
|---|---|---|
| 专业基础课 | 医学生物学科（包括解剖与运动形态学、生物化学、普通生理学与运动生理学、运动卫生学、运动医学、医疗体育与按摩、生物力学） | 770 |
| | 专业理论学科（专业导论、运动计量学与教学技术设备、心理学、教育学、体育史、体育理论与方法、体育活动的组织管理、运动器材） | 716 |
| 专业技术课 | 田径运动及其教学法、体操及其教学法、滑雪及其教学法、球类和活动性游戏及其教学法、游泳及其教学法、摔跤及其教学法、滑冰及其教学法、射击运动及其教学法、举重及其教学法、旅行及其教学法 | 1560 |
| 选修课 | 包括运动教育提高课（1100 学时，安排在 1—8 学期课外进行，每周 3 次，每次 2 小时）、马列主义伦理学、马列主义美学、外语、音乐旋律教育、照相摄影 | 没有安排学时 |

为提高人才培养质量，改变旧有体育系、科的教学计划不统一的状况，1955 年教育部颁发体育系必修课程计划（见表 2—5）。

**表 2—5　1955 年教育部颁发体育系必修课程计划主要指标情况**①

| 课　程 | 科　目 | 学　时 |
|---|---|---|
| 公共课 | 马列主义基础、中国革命史、政治经济学、辩证唯物论与历史唯物论、心理学、教育学、教育史、俄语 | 1044 |
| 基础理论课 | 人体解剖学、人体生理学、卫生学、体育理论、医学监督 | 726 |
| 专业技术学科 | 体操、田径运动、球类运动、活动性游戏、舞蹈、重竞技运动、专门选修术科 | 1568 |

该课程计划规定本专业培养目标是“培养中等学校体育教

① 刘英杰. 中国教育大事典（1949—1990）［M］. 杭州：浙江教育出版社，1993：885.

师"，共设必修课20门，3338学时。其中，公共性质的课8门，分别为马列主义基础、中国革命史、政治经济学、辩证唯物论与历史唯物论、心理学、教育学、教育史、俄语，共1044学时，占总课时的31.3%；基础理论课5门，分别为人体解剖学、人体生理学、卫生学、体育理论、医学监督，共726学时，占总课时的21.7%；专业技术学科7门，分别为体操、田径运动、球类运动、活动性游戏、舞蹈、重竞技运动、专门选修术科，共1568学时，占总课时的47%。①

20世纪60年代初，在《教育部直属高等学校暂行工作条例（草案）》（简称"高教60条"）的精神指导下，体育系统修订了体育专业教学计划和教学大纲。1963年，教育部颁发《体育专业教学计划（草案）》，规定体育专业教育的基本任务是培养中等学校体育教师，并对课程做了规定（见表2—6）。

**表2—6　1963年教育部颁发《体育专业教学计划（草案）》主要指标情况②**

| 课　程 | 科　目 | 学　时 |
| --- | --- | --- |
| 公共课 | 马克思列宁主义概论、中共党史、思想政治教育报告、外国语、心理学、教育学 | 665 |
| 专业基础课 | 人体解剖学、人体生理学、体育理论、运动保健 | 560 |
| 专业技术课 | 体操、田径运动、球类运动、活动性游戏、舞蹈、重竞技运动、专门选修术科 | 1402 |
| 选修课 | 中国语文、哲学、政治经济学、音乐和舞蹈、生物力学、体育史、学校卫生、体育统计与测验、运动心理学等 | 102 |

① 刘英杰. 中国教育大事典（1949—1990）［M］. 杭州：浙江教育出版社，1993：885.

② 刘英杰. 中国教育大事典（1949—1990）［M］. 杭州：浙江教育出版社，1993：886.

该教学计划中，必修课程有马克思列宁主义概论、中共党史、思想政治教育报告、外国语、心理学、教育学、人体解剖学、人体生理学、体育理论、运动保健、体操、田径运动、球类运动、活动性游戏、舞蹈、重竞技运动、专门选修术科。选修课有中国语文、哲学、政治经济学、音乐和舞蹈、生物力学、体育史、学校卫生、体育统计与测验、运动心理学等。专业技术课共1402学时，占总学时的51.4%；公共课共665学时，占总学时的24.4%；专业基础课共560学时，占总学时的20.5%；选修课共102学时。这次重新修订的教学计划部分考虑了我国实际国情，努力探索自己的体育教育人才培养之路。

这一时期，我国体育教育人才培养模式基本否定了原高等教育的欧美型的“通才”教育模式，仿效苏联“专才”培养模式，在培养目标上以培养体育教师为主，在课程设置上重政治理论课程，专业基础理论门数较少，基础理论相对薄弱；以竞技运动为主要参照系，技术课比重偏大（1955年占47%，1963年占51.4%），竞技项目的学习被强化；运动技术集中于少数运动项目，忽视民族传统体育课程设置；培养体育教师的教育类课程，特别是培养体育教师师范技能的课程几乎没有，这与当时对体育教师、教练员和运动员三者特殊性的认识不足有关。

4. 高师培养课程中体育教学法课程受到重视

1952年后，由于院系调整，我国的一些高等院校体育系、科被调整归并到体育学院，体育专业分属两个系统，形成体育教师培养的“双轨制”局面。相比较而言，体育学院对体育师资培养的师范技能重视不足，而师范教育强调师范性与学术性的统一，强调未来教师基本功的培养与训练。1952年7月教育部颁布的《师范学校暂行规程（草案）》（以下简称《规程》）是新中国第一部关于中等师范学校的法规文件，对中师教育走上正轨起到了极大的促进作用。《规程》规定，师范学校、幼儿师范学校及师范速成班开设十五门必修课，其中包括“体育及体育教学法”，并指出参观实习“应与教育学各科教学法和各科教材教法密切配合进行”。同时指出，“各科教学法（或教材教法）以分别由各该科教员担任为原则”。课程分为“体育”与“体育教学法”两个部分，“体育”开设三学年，共176学时；“体育教学法”则只在第三学年的第二学期开设，共14学时。针对中等师范学校的《师范学校暂行规程（草案）》颁布的同时，高等师范学校办学的指导文件《关于高等师范学校的规定（草案）》（以下简称《规定》）也出炉了。《规定》指出，高等师范学校应根据中等学校教学计划设置中国语文、体育、音乐、美术等系（科）。明确了师范学校培养初等教育和幼儿教育师资的任务。在人才培养方面，规定“师范学院培养高级中学及同等程度的中等学校师资，师范专科学校培养初级中学及同等程度的中等学校师资”①。高等师范学校分为两类，即师范学院和师范专科学校。师范学院为加强研究工作，培养和提高高等师范学校的师资，需设研究所（部）。另外，高等师范学校的系科设置要以中等学校教学计划为依据，其中提到了体育系的开设，特别强调了实习，指出：“参观与实习为师范学院、师范专科学校各系科教学计划中重要的组成部分，分平时参观、见习与定期集中参观、实习。”这一实习规定对于今天的体育师资培养仍具有指导意义。

1954年起，体育教学法的课程和研究受到了重视，体育教学法便作为师范院校体育系中“体育理论”课程的内容之一，这对提高体育教师的教学素养和对体育教学实践的指导起着重要作用。1957年教育部在修订教学计划时，恢复“教学法”课程，并定名为“教材教法”。教学内容被规定为：了解中小学教材内

① 李友芝，李春年，柳传欣，等. 中国近现代师范教育史资料［M］. 第三册. 北京：北京师范大学出版社，1990：914.

容和编辑原则，熟悉基本的教学方法；对使用教材过程中的经验与问题进行研究。教材教法是师范生必修课程之一，对运动项目的教学方法与教学要点，它探讨的是各个具体体育动作的教学方法。全面学习苏联，为满足教学的需要，组织教师翻译苏联教材，出版了一批体育教材教法译著，旧学校所用的欧美教材连同欧美式教育体系被完全否定。体育教材教法译著主要有卡恰什金著《中小学体育教学法》和《体育教学法》等。1953 年上海北新书局出版了苏联柯洛诺夫斯基等著，易成溪等译《初中新体育教材教法》。全书共六章，第一章介绍了学校体育的地位、意义、任务、内容、组织形式、体育课等基本问题；第二章至第六章分别介绍了基本体操、活动性的游戏、田径、游泳、滑雪等内容和教法。1953 年上海北新书局出版了鲁吉克等撰，仇标、施仁译《小学新体育教材教法》。1967 年台湾开明书店出版焦嘉诺著《体育分科教材教法》。这些译著教材，对培养体育师资起到了积极的促进作用。

总而言之，苏联体育专家对我国体育院校的建设、教学秩序的健全、师资水平的提高起到了全面的推动与促进作用。① 从新中国成立到 50 年代中期，高等学校体育教育既有较大发展也存在问题：一方面，体育院系的建立、高等师范学校体育系科的数量增加，办学逐渐走向规范化与系统化，大大缓解了当时学校体育师资需求的矛盾，初步形成了培养各级体育人才的基地和较为完整的体育人才培训制度；另一方面，体育高等专业学校完全照搬模仿苏联师范学校的办学经验中，忽视了我国国情，存在学生毕业时没有统一的标准要求的问题。同时，在一味崇拜苏联的背景下，我国的体育教育缺乏更为广阔的国际视野，对于其他国家

---

① 《校史》编委会. 北京体育大学校史（1953—2003）[M]. 北京：北京体育大学出版社，2003：20-21.

和地区的体育先进经验忽视甚至排斥。“在体育课程改革中采取‘苏联体育模式’是文化自闭的表现，简单移植来的体育课程理论必然会水土不服。”① “在向苏联学习的过程中，我国教育界并没有对课程作为教育学科的一个分支进行独立研究，而是以体育教学大纲的形式出现，这也意味着实际上取消了体育课程理论的研究。”② 这些问题也在一定程度上阻碍了高等学校体育教育专业的发展。

### （二）体育教学价值取向渗透服务国家的思想

体育教学价值取向是指体育教学主体在学校体育的价值判断基础上根据自身需求来进行体育教学选择时所体现出来的一种价值倾向性。体育教学是学校体育的核心内容，它不是一种价值无涉的纯工具性活动，而是负载了特定社会及其历史阶段的特定的价值因子。这是体育教学中无法回避的价值倾向问题，它体现着一定的价值追求，遵循着一定的价值标准，反映着该时期的学校体育理想。

1949 年 10 月 27 日，国家副主席朱德在中华全国体育总会筹备会议上强调：“过去的体育，是和广大人民群众脱离的，现在我们的体育事业，一定要为人民服务，要为国防和国民健康服务。”③ 这是与全国人民当家作主的社会主义社会新型体制相一致的。强调了把发展人的社会属性观点纳入体育教学中，使体育教学不仅仅是发展人的个体，更重要的是培养全面发展的社会劳

① 李平，高成强．体育课程文化选择研究［J］．体育文化导刊，2009（3）：106—109.

② 李平，高成强．体育课程文化选择研究［J］．体育文化导刊，2009（3）：106—109.

③ 朱德副主席在中华全国体育总会筹备会议上的讲话［J］．新体育，1950（1）：7.

动者。在教育部1950年颁发的《小学体育课程暂行标准（草案）》中，体育教学目标为“培养儿童健康知能、健美体格，以打好为人民、为国家的建设战斗而服务的体力基础”。[①] 1952年教育部和国家体委联合颁布《学校体育工作暂行规定》，明确指出我国学校体育的基本目标是“促进学生身心发展，增强体质，并对学生进行道德品质的教育，使他们能很好地完成学习任务，从事社会主义建设和保卫祖国”。为达成这一目标，教育部于1952年在《各级各类学校教育计划》中正式规定，从小学一年级到大学二年级均开设体育必修课，每周2学时。

体育教育是全面发展教育的一个重要组成部分，这在随后修订的中小学体育教学大纲中得以体现。1956年的《小学体育教学大纲（草案）》中，“小学体育教育的目的是促进少年儿童成为全面发展的新人，为将来参加社会主义社会和保卫祖国做好准备”。在《小学体育课程暂行标准（草案）》中，体育教学目标为“培养学生成为全面发展的社会主义社会的建设者和保卫者”。[②]我国第一部体育教学大纲把体育教育的目的提升到培养全面建设社会主义的接班人和保卫者这种政治任务上，主要体现了其社会（政治）价值。这种社会（政治）价值的体现是当时历史背景下学校体育教学目标的主要选择。

1961年教育部颁布的《中小学体育教学大纲》中，“增强体质”成为体育教学目的论的核心，认为传授体育知识技能是体育课的主要任务，主张以运动技术项目和各项运动技术的学习基础，通过运动技术掌握技能，使学生在技术动作的过程中锻炼身体。这一时期为了适应社会主义计划经济体制，学校体育开始转

① 课程教材研究所．20世纪中国中小学课程标准·教学大纲汇编：体育卷[M]．北京：人民教育出版社，1999：32．

② 课程教材研究所．20世纪中国中小学课程标准·教学大纲汇编：体育卷[M]．北京：人民教育出版社，1999：37，459．

变教育目标，从单纯的为体育而体育逐渐转变成了增强体质、增进健康，由此形成了影响深远的“体质观”，确立了学校体育为无产阶级政治服务，为国家建设和国防建设服务的社会主义方向，体现出个人的地位和价值要服从于国家的地位和价值，形成了我国学校体育理论与实践发展的初级模式。

增强体育锻炼、发展学生身体素质、培养学生的社会主义品质和卫生习惯都是为社会主义经济建设和国防建设服务。因此，当时体育课程的目标，是培养社会主义建设者和保卫者，这也是新中国成立初期学校体育课程教学的主要价值取向。在体育教学中采用统一的教学大纲、教学内容，注重个体的体力发展和与体力发展相关技术的提高，以生物科学为理论依据，在体育教学中只重视了学生生物指标上的锻炼效果。强调体育运动对人体的体质影响和生物性改造作用，倡导以技术为中心的体育教学向体质中心进行转换等科学性要素，对增强学生体质的科学性具有重大意义。① 这一时期的体育教学主要体现了“以国家的意志为主，个人绝对服从国家意志”，学校体育被当成一种工具，一种为阶级斗争，甚至战争服务的工具，突出了体育教学的阶级性、工具性。体育课程内容从“以运动技术为中心，偏离学生生活实际，忽视学生生活需要”②，到“以增强体质为主”。体育教学“培养没有个体主体性，只要体质增强的同质个体”③，从政治需求出发，服务于政治需求，遵循了人的个体与社会整体相统一的原则，符合当时以社会整体利益为中心的学校教育思想。但在一定

---

① 何劲鹏，姜立嘉. 体育课程生命化探究［M］. 长春：东北师范大学出版社，2009：24.

② 范叶飞，马卫平. 我国学校体育课程的“钟摆现象”管窥——基于学科向度与生活向度的二维视角［J］. 体育科学，2017，37（2）：3－15.

③ 沈建华，张家喜. 建国60年我国学校体育观的审视与建构［J］. 上海体育学院学报，2009，33（5）：67－69.

程度上违背了体育教学应有的属性与功能，甚至有违学生的身心发展规律，在一定程度上压抑了学生的个性发展，导致其严重忽视学校体育教学以人为本的本质功能和内在的客观发展规律，忽视学生的自我需求和个性发展，学生的主体地位消失殆尽。但是，我们不得不承认，它填补了中国体育教育的空白，为当时学校体育的形成和发展打下了坚实的基础。

### （三）苏联体育理论对我国体育教学影响深远

新中国成立初期，引进了苏联体育理论，与当时在各方面学习苏联经验，建设新中国的形势是分不开的。在第一次全国教育工作会议上，首任教育部长马叙伦就曾说：在我们面前就发生了一系列的问题，如全国教育的制度，各级学校的课程、教材、教学方法、师资等等，都要求一个彻底的同时是有计划有步骤的变革和解决。这就是摆在我们全国教育工作者面前极其复杂艰巨的任务。[①] 苏联体育教育的目的是“培养准备劳动与保卫社会主义祖国、身体全面发展、积极而健康的共产主义建设者”[②]。体育教育的内容包括身体发展、身体教养、身体训练。为快速让国人认识苏联体育，了解苏联体育的成就，使国民获取精神的力量，寻求他们的认同感，创建社会主义体育教育，借鉴苏联体育理论教材的编写模式，翻译苏联体育理论教材就成为最自然的选择。

1952 年 11 月，中央人民政府教育部颁布《关于翻译苏联高等学校教材的暂行规定》，指出翻译苏联高等学校教材，提高我国高等教育的质量，培养合格的建设新中国的人才，是“当前高

---

① 何东昌. 中华人民共和国重要教育文献（1949 年—1997 年）［M］. 海口：海南出版社，1998：6.

② 依・格・凯里舍夫. 苏联体育教育理论（讲稿）. 赵秉毅，等，译. 北京：北京体育学院，1956：1.

等教育迫切的政治任务之一”。[①] 凯里舍夫是莫斯科中央体育学院的讲师，他在《苏联体育教育理论（讲稿）》的序言中说，“它是一切体育学校中基本的专业理论课”。内容以学校体育教育为主，适当兼顾了体育制度、体育手段及群众体育等内容。在教育管理部门、各高等院校及出版单位的通力合作和共同努力下，1956年11月《苏联体育教育理论（讲稿）》由人民体育出版社出版发行。凯里舍夫的《苏联体育教育理论（讲稿）》的理论体系来自凯洛夫的《教育学》，而巴甫洛夫的生理学说是其体育教育理论的自然科学基础。以凯洛夫教育学理论为学科体系基础的凯里舍夫的《苏联体育教育理论（讲稿）》，具有完整的体育教学理论结构体系，既包括体育教育理论，也包含运动训练理念。

当时的体育教育主要学习苏联的体育教育理论。向苏联学习，是由当时国际国内的社会政治环境决定的。凯里舍夫的《苏联体育教育理论（讲稿）》曾作为高等师范学校的教材及教师进修用书。它对我国体育教学理论水平和教学质量的提高，对当时的中国体育事业发展起过积极作用，对我国后来建构的体育理论体系起到了相当大的指导作用。新中国成立后的体育思想和理论受苏联的影响较深，对后来新中国体育理论体系的形成和体育教学实践打下了深深的烙印。主要表现为以下几个方面：

一是注重对学生“三基”的培养。新中国成立初期，我国学校体育生搬硬套了苏联的体育教学思想，以凯洛夫教育学理论作为学科体系基础，把掌握体育基本知识、基本技术和基本技能的“三基目标”作为指导思想。教学内容多以竞技体育教学为主，追求技术的完整和完美；侧重于对传授体育知识技能与增强学生体质等物质层面的追求；注重对学生“三基”的培养，提出在传

---

① 西南军政委员会文教部．高等教育工作手册——学习苏联先进经验，提高教学质量：第五辑［A］．重庆：西南军政委员会文教部，1953：193.

授体育知识技能过程中，发展学生的运动素质，把学生体质的增强放在了次要的位置。

二是强调体育教学的政治教育作用。苏联把体育当作为革命、国防建设、劳动生产和进行共产主义教育服务的重要手段，强调体育的阶级性，我国在全盘学习苏联的过程中，在体育教学理论方面，鲜明地提出体育教育是共产主义的教育手段，并在体育教学的全过程中贯穿“个人绝对服从国家意志”的政治思想教育。学校体育在整个教学过程中过分强调其政治功能，把“劳动卫国”视为教学目的，过分强调其阶级性、工具性和教育性。

三是突出教师在体育教学过程中的主导地位。在体育教学中，重视教师作为“学生的主导者”的作用，把教材、教师和教学组织形式放在整个体育教学环节的中心位置，强调体育教学的计划性和教学过程的组织性、纪律性，“用机械模仿、课堂纪律、集体行动等规范约束学生，使学生没有对学习内容进行选择的条件与机会。虽然在组织教学规范化、传授知识技能系统化方面产生过积极的影响，但却又阻碍了学生个性的自由发展，忽略了学生身体素质的提高，在一定程度上限制了高校体育效能的发挥”①。培养体育师资的体育院（系），也以传授专项理论和各项技术为主，在技能教学中重“教”，而忽视“学”的研究。

这一时期引进的苏联的体育教育体制，使我国的体育教学理论有了长足的进步，对于提高体育教学质量起过一定的作用。但是，在学习苏联的过程中，存在着思想僵化，造成一定的盲目性，出现一些不切实际的做法。全盘学苏联，对我国体育教育发展已有的经验与传统的摒弃，使体育教学的研究和实践处于脱节状态，以及结合我国具体实际不足的问题。同时，由于强调教育

---

① 曲宗湖，郑厚成．我国高校体育改革的历史回顾与发展前景［J］．首都体育学院学报，1996，8（3）：20—27.

的阶级性，除了学习和吸取苏联的教育理论和经验，西方教学理论遭到了彻底批判，一概拒之门外。有些体育工作者曾说："毛主席指出要我们学习各国的先进经验，可是出版社没有出版过资本主义国家的体育书籍"，"俄文书刊看不懂，英文书刊买不到，等于 8 年来没有呼吸新鲜空气"[①]。另外，学习和使用俄语在 20 世纪 50 年代初期风靡全国，其他语种的学习被严重忽视，语言的障碍，制约了中国与世界其他科技大国的交流，无形中越发拉大了中国与国际先进水平间的距离，造成我国体育教学理论与实践发展的模式单一，影响了我国体育教学的进一步发展。

### （四）新中国体育教学论学科的探索初见成效

我国体育教学理论研究者在学习苏联的同时，也在根据我国的体育教学实际情况，摸索、积累和总结经验，努力在学习的基础上有所发展，有所创造，走出一条自己的路。

1. 学术刊物的创办

《新体育》杂志于 1950 年 7 月创刊，是新中国创刊最早、发行量最大的综合性体育专业期刊，毛泽东同志为之题写刊名。1953 年，为了使广大体育工作者更好地了解和学习苏联体育运动的先进经验，《新体育》杂志社还不定期地出版了 12 辑《体育译丛》。1957 年 3 月，《体育译丛》更名为《体育文丛》。《体育文丛》作为新中国创办的第一个正式的体育学术期刊，主要围绕体育教学和科学研究，介绍外国先进的体育理论与经验；发表体育科学研究论文，交流体育教学研究经验；组织学术讨论，探讨和研究体育理论与实践中的重要问题，为体育科学研究提供参考资料，为我国的体育工作者提供发表学术论文的园地。

1954 年 1 月，中国历史上第一家体育专业图书出版单

① 肖平．体育和新鲜"空气"[J]．新体育，1957（20）：8.

位——人民体育出版社成立。人民体育出版社根据党和政府关于体育工作的方针、政策，编辑出版各种体育书籍，宣传中国的体育方针、政策，介绍体育运动知识和锻炼身体的方法、运动训练的经验和体育科研成果、体育工作方法，介绍国外体育运动先进技术。1959 年，国家体委科研所出版了《体育科学参考资料》，重点介绍世界各国先进的体育运动技术等。

这些体育刊物的创办，为介绍国外先进的体育教育理论与经验，发表国内学者的体育教育研究论文，交流体育教学研究经验，组织体育学术性问题的讨论，探讨和研究体育理论与实践中的重要问题搭建了交流平台，促进了体育教育事业的发展。

2. 教材从翻译照搬到自编探索

在引进苏联教学大纲，积极翻译苏联教材的同时，高教部也开始组织人员自编教材。1956 年，为了编写出更切合我国实际情况的高校教材，满足教学需要，提高教学质量和水平，高教部颁发《高等学校教材编写暂行办法》，提出一般高等学校教材由高教部负责组织编写，高等师范学校教材由教育部负责组织编写，高等艺术学校教材由文化部负责组织编写。① 自此，我国高等学校的教材建设工作由直接翻译苏联教材转变为尝试独立探索。

在开始学习苏联体育教学理论时，就提出学习苏联要结合中国的实际。随着中苏关系的破裂及对照搬苏联模式的反思，1958 年掀起了大规模的教育改革运动，我国体育教学工作者在不断地借鉴学习中，力求摆脱照搬苏联模式带来的不良影响，逐渐开始结合我国体育教学的实际情况，在教学实践中努力探索，不断总结体育教学经验，试图建立自己的体育理论体系。1958 年后，

---

① 郝维谦，龙正中，张晋峰，等. 中华人民共和国高等教育史［M］. 北京：新世界出版社，2011：151.

体育教学理论研究的方向逐渐转向体育教学实际，在总结和学习苏联经验和教训的基础上，基本形成体系。为促进教学质量的提高，1961 年人民教育出版社出版了中小学体育教材，第一次明确提出学校体育应从增强学生体质出发的指导思想。同时根据国情把教材分为基本教材和选用教材。“它是在认真总结过去体育教学经验，结合当前实际情况的基础上参照 1956 年部颁中小学体育教学大纲，经过修改提炼和集中丰富起来的。因而，为进一步提高中小学体育教学质量提供了十分有利的条件。”① 在高教部号召自力更生、自编教材后，虽然国人已意识到必须松开苏联的手，学会自己走路，但在当时的历史条件下，完全脱离苏联以自成体系，还需要时间的磨炼和实践的检验。我国自编体育理论教材整体上留有苏联印记，但也在探索中国的具体情况，全面反映了中国的体育教学经验。

1961 年编写了我国第一本体育学院本科通用教材《体育理论》。编写者在开篇写道：我国的体育教学理论是在马克思列宁主义、毛泽东思想的指导下，运用各有关科学的成就，系统地研究和总结我国体育运动的经验，学习苏联等兄弟国家及其他国家的先进经验，认识和掌握体育运动的规律，并在指导体育实践中不断充实、发展起来的。②

**表 2-7 《苏联体育教育理论》与《体育理论》内容比较**

| | 《苏联体育教育理论》 | 《体育理论》 |
|---|---|---|
| 出版日期 | 1956 年 11 月 | 1961 年 12 月 |

① 冯德源. 学习新编中学体育教材的初步体会［J］. 武汉体育学院学报，1962（1）：38-40.

② 体育院校教材编审委员会体育理论编写小组. 体育理论［M］. 北京：人民体育出版社，1961：1.

续表2—7

| | 《苏联体育教育理论》 | 《体育理论》 |
|---|---|---|
| 作者 | ［苏］凯里舍夫著，赵秉毅等译 | 体育院校教材编审委员会体育理论编写小组编 |
| 内容体系 | 第一部分　苏联体育教育理论一般原理<br>第二部分　学龄前及学龄儿童的体育教育的理论和教法<br>第三部分　高等学校体育教育的理论和教法<br>第四部分　业余体育组织体育教育的理论和教法 | 第一章　绪论<br>第二章　我国体育运动为社会主义建设服务<br>第三章　服从全局、结合各项工作开展体育运动<br>第四章　群众路线是开展体育运动的根本方法<br>第五章　“两条腿走路”，普及和提高相结合，是多快好省地发展体育运动的方针<br>第六章　组织领导和措施<br>第七章　教学和训练<br>第八章　教学、训练的组织和计划<br>第九章　运动竞赛<br>第十章　我国的体育科学研究工作<br>第十一章　学前体育<br>第十二章　学校体育<br>第十三章　厂矿、企业、机关体育<br>第十四章　农村体育<br>第十五章　青少年业余体育学校<br>第十六章　国际体育活动 |

资料来源：①依·格·凯里舍夫．苏联体育教育理论（讲稿）．赵秉毅，等，译．北京：北京体育学院，1956.

②体育院校教材编审委员会体育理论编写小组．体育理论［M］．北京：人民体育出版社，1961.

从表2—7中可以看出，这本教材共十六章，包括体育教学、体育训练、运动竞赛、农村体育、国际体育活动等方面的内容。虽然章节多于苏联教材，细品可发现，更多的是对其内容的一些细化，在编写理念、体例、内容的构成上都烙上了苏联印记。1961年出版的《体育理论》尽管在编写理念上有苏联的印记，但在借鉴苏联经验的同时，也融入了我国的体育经验，不断丰富着体育理论的内涵。这本体育理论教材“内容和材料比较系统、全面和丰富，特别是把我国在体育运动实践中的许多成功经验都总结和反映到教材中来，这对改进和提高我国体育的教学与训练工作质量，都具有重大的现实意义”①，“较全面地反映出中国体育的实践经验，基本上摆脱了苏联教材的模式，教材体系和内容发生明显变化”②。在这十六章中，涉及体育教学的内容仅在“教学和训练”“教学、训练的组织和计划”“学校体育”等章节有所反映。论述了体育教学的组织形式，对中小学体育教材、体育课的组织与教法，以及体育教师的工作职责等内容进行了分析。这些内容大致包括体育教学内容、体育教学方法、体育教学组织形式、体育教学过程等，体育教学内容体系很不完善，没有专门关于“体育教学原则”“体育教学评价”“体育教学主体——学生”的阐述。

1961 年编写的我国第一本体育学院本科通用教材《体育理论》指出：“体育理论的任务就在于正确地阐述我国体育运动怎样在毛泽东思想的指导下取得成就，怎样在党的领导下发挥人民群众的首创精神。”③“我国的体育理论是无产阶级的体育理论，它必须同体育战线上形形色色的资产阶级思想进行不调和的斗争，并且在斗争中发展和壮大自己。”体育理论课的内容包括：体育在社会主义建设中的地位和作用；党关于开展体育运动的基本方针、政策，贯彻方针、政策的基本方法和措施。……④“体

① 阮立本．运用新编体育理论教材的几点体会［J］．武汉体育学院学报，1962（1）：25－26．

② 刘绍曾．体育理论学科发展之演变［J］．北京体育大学学报，1994（3）：50－55．

③ 体育院校教材编审委员会体育理论编写小组．体育理论［M］．北京：人民体育出版社，1961：3．

④ 体育院校教材编审委员会体育理论编写小组．体育理论［M］．北京：人民体育出版社，1961：4．

育教师、教练员应经常注意在教学与训练工作中加强共产主义思想教育。”[①] 学校体育的目的是“增强学生的体质，通过体育向他们进行共产主义教育，使他们能更好地学习、参加生产劳动和准备保卫祖国”[②]，呈现出浓重的政治色彩。

1963 年编写了以体育教学理论为主要部分的中等体育学校通用教材《体育理论》。

1961 年教育部颁发了十年制《小学体育教材》（教师用书）和《中学体育教材》（教师用书）。教材中强调了以学生体质为核心的教育内容，认为增强体魄可以保家卫国，继承和发展老一辈共产主义劳动者的光荣品质，把“增进健康”“全面发展身体基本活动能力”“掌握基本体育知识和锻炼身体的技能”“进行共产主义教育”四个基础写进了教材。虽然名为“体育教材”，但其内容和结构实为一套新的“体育教学大纲”。这个大纲的颁布具有重要的历史意义，它使中国体育教育教学工作走上了自己的发展道路。

这一时期，我国自编的体育理论教材完全以马克思列宁主义、毛泽东教育思想和党的教育工作方针为指导，在教材中能明显反映出“阶级斗争”的政治价值观和意识形态。中国的体育理论学科体系是在苏联体育理论指导下创建起来的，这部教材的问世和发展，反映了我国学校体育事业的发展和需要，是我国学校体育理论工作者智慧和辛劳的结晶。虽然在体系上基本沿用了苏联的体育理论体系，并没有取得实质性的突破，但是这些教材和专著对培养适应时代需求的体育师资起到了积极的作用。

---

① 体育院校教材编审委员会体育理论编写小组. 体育理论［M］. 北京：人民体育出版社，1961：76.

② 体育院校教材编审委员会体育理论编写小组. 体育理论［M］. 北京：人民体育出版社，1961：207.

3. 加强体育教学问题的学术讨论

体育教学的研究与一定的社会政治有关系，但作为学术研究有其自身的特点。新中国曾对体育教学中的某些重要问题在公开刊物上进行过探讨，这些探讨进一步补充和丰富了学校体育工作者的思考，从这些研讨问题中可以管窥到体育教学研究的水平。

1953 年 2 月，苏竞存在《人民教育》发表《谈目前中小学中的几个重要问题》，指出当前中小学体育教学中存在的主要问题有中小学体育教材问题和体育课的成绩考核问题。这都是体育教学论的问题。作者认为小学的教材问题在于成人化，中学的教材与学生的课外活动实际相脱离，这部分的内容中“苏联”“苏联学校体育”的词汇出现频率较高，可见该时期我国的学校体育思想受苏联的影响较大。

1960 年 1 月，陈次哲在《成都体育学院学报》发表《中学体育教学大纲中的教材和教法中的问题》，认为围绕“劳卫制”选用教材存在教学时数、教材的统一性与灵活性、教材的系统性等问题。1962 年 2 月，罗贵民在《武汉体育学院学报》发表《几个教学原则问题的探讨》，对循序渐进与系统性原则、巩固性原则、学生自觉积极性原则、可接受性与因材施教原则、直观性原则、理论联系实际原则、科学性与思想性相结合原则在体育教学中的应用进行了探讨。

围绕体育教学是“以提高身体素质为主还是以传授知识技能为主”，学界展开了一场思辨。《体育报》和《文汇报》从 1961 年 9 月展开了体育教学是以提高身体素质为主还是以传授运动技能为主的讨论，并于 1962 年 1 月底告一段落。1961 年 8 月 14 日的《体育报》刊登了丁一的文章《中等学校体育课的两个问题》。文章提出以身体素质的提高作为体育教学的核心。随后在 9 月 4 日《体育报》的“编者按”中提出：体育课上课的基本理论是什么？是体质的提高还是技能的培训？这一问题的提出引起了各方的激烈讨论。这些教学问题的探讨成为构建我国体育教学理论的源泉，推动着我国体育教学研究的深入发展。

新中国成立初期我国体育教学是在模仿、借鉴、独立探索中曲折发展起来的。在当时的历史条件下，学习苏联是我国体育教学发展的唯一选择。苏联的先进经验对我国学校体育和高等体育教育的发展具有重要的影响，为我们少走弯路，确立我国体育教育发展道路赢得了宝贵的时间，但脱离国情、完全照搬的历史教训也应引以为戒。独立探索、走自己的路是我国体育教育发展之路。

# 第三章　改革开放后体育教学论学科的创立

1976年10月，长达十年的“文化大革命”终于结束。1978年12月18日，党的十一届三中全会召开，会议确定了“解放思想，实事求是，团结一致向前看”的指导方针，社会主义现代化建设成为全党的工作重点，开启了我国改革开放的历史新时期。会后，党和政府实行了一系列改革开放的重大决策，国家经济迅速恢复和发展。“拨乱反正”是改革开放的起点，教育领域经过拨乱反正、正本清源，重回现代教育道路并探索前行，学校体育进入了蓬勃发展的新阶段。

学校体育教学逐渐恢复了正常秩序，并在理论与实践方面有了一些新的突破，为初创体育教学论学科打下了良好的基础。体育教学论作为研究和揭示体育教学活动本质规律的一门理论学科，教育科学体系中的一门基础学科，随着教育改革的深入开展，得到了前所未有的发展。改革开放后，体育教学论学科建设可以分为孕育、探索、创新三个阶段。

## 一、第一阶段：恢复孕育（70年代末期—80年代中期）

“文化大革命”结束后，全党的工作重点转移到社会主义现代化建设上，各行各业贯彻执行“调整、改革、整顿、提高”八字方针。邓小平同志主持科教工作，学校教育逐渐走上正轨，学校体育工作也受到重视。

### （一）学校体育教学工作的恢复

在“拨乱反正”的大环境下，为了恢复和重定学校体育规章制度，1978 年 4 月，教育部、国家体委、卫生部联合印发了《关于加强学校体育、卫生工作的通知》（以下简称《通知》），这是“文化大革命”后中央三部委印发的第一个体育卫生工作的指导性文件。《通知》指出，要加强党对学校体育卫生工作的领导，恢复学校体育卫生正常的教学秩序，开展“两课、两操、两活动”，重整体育教师和卫生人员的队伍建设，明确了当时学校体育工作必须切实抓好的几项工作。

1978 年 4 月 22 日，邓小平在全国教育工作会议上指出，教育事业必须和国民经济发展的要求相适应，学校要造就具有社会主义觉悟的一代新人，要在全社会形成尊师重教的风气，并重申了国家的教育方针和学校体育的地位。他指出：“我们的学校是为社会主义建设培养人才的地方。培养人才有没有标准呢？有的。这就是毛泽东同志说的，应该使受教育者在德育、智育、体育几个方面都得到发展，成为有社会主义觉悟的有文化的劳动者。”[①] 再次强调这一教育方针将指引中国教育改革的方向。

1978 年 12 月，党的十一届三中全会把全党的工作重点和全国人民的注意力转移到社会主义现代化建设上，确立了社会主义现代化建设的总目标。在党的十一届三中全会精神的指引下，1979 年 5 月 15 日至 22 日，全国学校体育、卫生工作经验交流

① 尹青山，等. 中国改革开放政策大典［M］. 北京：中国建筑工业出版社，1993：753.

会在扬州召开。这是新中国成立以来最大规模的一次全国体育卫生工作经验交流会。会议充分肯定了学校体育的地位，并对当时我国学校体育存在的问题和发展的方向做了全面深入的探索，着重讨论了《中小学体育工作暂行规定》和《高等学校体育工作暂行规定》。会议统一了“将增强学生体质作为学校体育的出发点和归宿”的思想认识，以体质健康教育思想来指导学校体育工作，要大力培养一支又红又专的体育教师队伍。“扬州会议”被认为是“拨乱反正”后学校体育发展的第一个里程碑，对我国中小学体育教学改革起到了巨大的推动作用，自此之后的 20 年间，“增强学生体质”一直作为体育教学改革的指导思想。1979 年 9 月，国务院在批转《全国学校体育卫生工作经验交流会会议纪要》时也明确指出“重点抓好关系两亿青少年健康成长的体育工作”，再次明确了学校体育工作重点。为贯彻落实“扬州会议”精神，教育部先后出台了一系列政策和举措。如 1980 年的《认真贯彻落实全国学校体育卫生工作经验交流会议精神抓好学校体育工作的意见》。1981 年 4 月 24 日至 30 日，全国学校体育卫生工作会议在北京召开。1982 年教育部印发《关于保证中、小学生每天有一小时体育活动的通知》。1983 年国家教委印发了《全国学校体育卫生国防教育工作会议纪要》。这些文件和政策的出台，体现了党中央给予学校体育教育的特别关注，反映了各级领导重视和支持学校体育工作，在制度上保障和促进了体育教学的恢复和发展。

为使学校体育重新走上正轨，1978 年 3 月教育部编定了《全日制十年制学校小学体育教学大纲（试行草案）》和《全日制十年制学校中学体育教学大纲（试行草案）》。这是新中国成立以来首次由教材审定委员会审查通过的教学大纲。这两部大纲重申了“以有利于增强学生体质为准则”的指导思想，明确提出了中小学体育的目的和任务（见表 3－1），编写教材的原则，规定了各教材的时数比重，以及贯彻中小学体育教学大纲的基本要求，将“全面锻炼学生身体，增强学生体质”“掌握体育基础知识、基本技术和基本技能”和“向学生进行思想品德教育”这三方面的内容规定为当时体育教学最基本的教学任务，着重强调“增强学生体质”的思想是为了更好地服务于学校体育教学工作。

**表 3—1　1978 年中小学体育教学大纲**

| 大　纲 | 教学目的与任务 |
| --- | --- |
| 小学体育教学大纲（试行草案） | 体育是学校教育的重要组成部分，是全面贯彻党的“教育必须为无产阶级政治服务，必须同生产劳动相结合”，“使受教育者在德育、智育、体育几方面都得到发展，成为有社会主义觉悟的有文化的劳动者”的教育方针的一个重要方面。 |
| 中学体育教学大纲（试行草案） | 体育是学校教育的重要组成部分，是全面贯彻党的教育必须为无产阶级政治服务，必须同生产劳动相结合，使受教育者在德育、智育、体育几方面都得到发展，成为有社会主义觉悟的有文化的劳动者的教育方针的一个重要方面。 |

资料来源：课程教材研究所. 20 世纪中国中小学课程标准·教学大纲汇编：体育卷［M］北京：人民教育出版社，1999：91，554.

1979 年 10 月，教育部和国家体委联合颁布了《中小学体育工作暂行规定》，确立了学校体育要面向全体学生，增强学生体质的指导思想。总则中规定学校体育的基本任务是：“指导学生锻炼身体，增强体质；使学生掌握体育的基本知识和运动技能，学会科学锻炼身体的方法，养成经常锻炼身体的习惯，逐步提高运动技术水平；向学生进行共产主义思想、品德教育，树立良好的体育道德风尚。”规定了要保证学生每天一个小时体育锻炼的时间，提出了学校体育工作与卫生保健工作密切结合的原则，并对学校体育的组织领导、教学科研、体育课教学、课外体育活动、体育教师、体育场地器材、体育教师和组织领导等都提出了明确规定。《中小学体育工作暂行规定》是我国针对学校体育工作首次发布的具有法规性质的文件，它的颁布与实施标志着学校体育的法规建设拉开了序幕。

体育教学大纲和《中小学体育工作暂行规定》使体育教师上好体育课有章可循、有法可依，为恢复学校体育教学秩序和提高体育教学质量提供了制度保证，迅速改变了学校体育的无序状态，使学校体育在短期内恢复了秩序，初步走上正轨。同时，也标志着学校体育工作开始步入规范化、制度化管理的新时期。

### （二）体育教师教育体系的重建

重视教育，发展教育，就必须建立一支巩固的具有较高政治和业务水平的教师队伍。“文化大革命”对原有的师范教育体系造成了极大的破坏，影响了体育师资队伍培养质量的提高和数量的增长。学校体育逐步走上正轨，各级学校体育教师处于严重匮乏状态，要保证体育教学的顺利实施，需要大量合格的体育教师。1978 年 4 月 22 日，邓小平在全国教育工作会议上指出：“一个学校能不能为社会主义建设培养合格的人才，培养德智体全面发展，有社会主义觉悟的有文化的劳动者，关键在教师”，“要努力提高现有教师队伍的教学能力和教学质量”。[①] 体育师资队伍建设是一项刻不容缓的重要工作。

1978 年 4 月，教育部、国家体委、卫生部联合印发了《关于加强学校体育、卫生工作的通知》，提出为了尽快地解决体育教师的缺额问题，中小学做到每 400 名学生配备一名专职体育教师，各高等院校和高等院校体育系、科要采取有力措施，逐步扩大招生名额，采取长、短期结合的办法，加速培养中学体育师资。尚未建立体育系（科）的高等师范院校，应积极创造条件设

① 尹青山，等. 中国改革开放政策大典［M］. 北京：中国建筑工业出版社，1993：753.

置体育系（科）。[①] 1978年7月，国家体委下发《关于认真办好体育学院的意见》，明确指出："体育学院设置体育系，面向全国和地区的体育学院，主要培养又红又专的中学的骨干体育教师和高等学校教师，其他体育学院培养中学体育教师。"一些院校提出培养"一专多能"的体育教师培养目标，专科学制仅两年。1978年10月，教育部下发《关于加强和发展师范教育的意见》，提出要恢复和建立三级师范教育体系，恢复独立的教师教育制度。要求师范学院承担起培养高中、中师教师和培训师专教师的任务，师范专科学校培养初中教师，中等师范学校培养小学教师。1979年"扬州会议"提出"各级教育行政部门都应建立一支又红又专的体育教师和卫生人员队伍"，并对加强体育师资队伍建设提出了较为具体的措施和要求。这些通知、意见使体育教师教育得以很快恢复，努力为中小学培养一批又一批合格的体育教师，以解决学校体育工作的迫切需要。

为适应中小学对体育师资的需求，培养高质量的体育教师，高等院校加快了体育专业教育改革。1980年12月，国家教委颁发《高等师范院校体育专业教学计划（试行草案）》。1983年教育部下发了关于试行《高等师范专科学校体育专业教学计划（试行草案）》的通知，要求在专科二年制、三年制中试行，草案包括培养目标、课程设置和各课程的基本内容、教育实习、专业实践、生产劳动、军事训练、考试等部分。在培养目标中首次强调"本专业的任务是培养合格初级中学体育教师"。到1983年，我国在培养体育师资方面形成了一定的规模和体系，但供求问题依然十分突出。[②]

---

① 教育部，国家体委，卫生部．关于加强学校体育、卫生工作的通知［Z］//体育运动文件选编（1949—1980）．北京：人民体育出版社，1982：656.

② 蔡宝来．体育教师新论［M］．北京：人民教育出版社，2006：159.

由于体育学院与师范学院体育系在培养目标等方面存在较大差异，对“体育应该培养什么样的人”的培养目标这一问题进行了思考、探讨和尝试。教育部于1984年在镇江召开了全国高师体育专业教材编审委员会成立大会，会上讨论了《高师体育专业教材编审委员会暂行工作条例》和《编写高师体育专业教材的几项原则》。全国高师体育专业教材编审委员会审定了高师体育专业本科19门课程的教学大纲。1986年10月，国家教委体育司印发《高师体育专业教学计划试点改革方案（讨论稿）》，促进了以培养体育教师为主的高师体育专业的发展。

### （三）体育教学热点问题的研究

1979年5月在扬州召开的全国学校体育、卫生工作经验交流会提出的“学校体育以增强体质为主”，引发了国内学者们围绕体育教学思想展开学术大讨论，主张“体质教育”思想是针对忽略青少年一代体质提出的，体质教育思想应运而生。这一思想较注重学生身体锻炼的直接效果和运动负荷的安排，它的提出标志着中国学校体育逐步突破自然体育，开始进入发展人体、完善人体的科学化锻炼历程①，将发展学生身体、增强学生体质作为体育教学的首要任务。这一阶段的体育课出现了运动技术传授课、身体素质锻炼课、运动技术传授+身体锻炼课三种课型。体质教育的提出实质是对苏联体育理论的批判，因为“新中国成立后，我国接受的是苏联的教育和体育理论，凯洛夫教育学重视学科知识，而凯里舍夫的体育理论则重视运动技能，在运动技能形成的过程中实现身体素质的提高是凯里舍夫的观点。”② 此后，

---

① 邵伟德．学校体育理论与教改探索［M］．北京：北京体育大学出版社，2002：6．

② 曲宗湖，顾渊彦．“学校体育学”课程建设回顾与展望［J］．首都体育学院学报，2009，21（1）：6－14．

还开展了有关学校体育功能、目标的讨论。

这一时期，研究者们在稳定的教学基础上，着重对如何合理安排体育教学运动量、适当加大练习密度、如何测量运动量[①]以及锻炼身体和掌握具体项目技能技巧的关系、体育课的核心、体育教学方法、学生体质等各种体育教学问题和学校体育师资培养及其途径和方法等问题进行研究。各种思想的阐述与传播角度不同，各有优缺点，从而使“学校体育的基本理论得到丰富和发展，多种学术观点并存并趋向多元化”[②]。鲜活的体育教学实践是问题研究的源泉，而这种“百花齐放”“百家争鸣”的繁荣的学术思想成为推动学校体育教学发展的动力，促进了体育教学研究的发展，为丰富我国体育教学理论，形成适合本土的体育教学理论奠定了基础。

## 二、第二阶段：探索创建（80年代中期—90年代末期）

党的十一届三中全会后，经过几年的努力，各条战线的“拨乱反正”都取得了重大胜利，实现了伟大的历史转变。1982年，中国共产党第十二次全国代表大会提出了全面开创社会主义现代化建设新局面的伟大任务。在努力实现社会主义民主方面，党的十二大提出社会主义民主建设必须同社会主义法制建设紧密结合。1982年新宪法颁布，按照依法治国的总要求，各方面都加

① 曲宗湖. 安排好课的教材顺序，获得合理心率曲线趋势［J］. 北京体育学院学报，1979（1）；卢元镇，刘绍曾. 对体育课运动量、强度的测量必须规范化［J］. 北京体育学院学报，1979（4）；阮立本. 对合理安排中小学体育课密度运动量的初步探讨［J］. 武汉体育学院学报，1980（1）.

② 周登嵩，等. 中国学校体育50年发展概要与今后走向［M］//曲宗湖，刘绍曾，邢文华. 新中国学校体育50年回顾与展望. 北京：北京体育大学出版社，2000.

快了法规建设的步伐，学校体育也不例外。

### （一）依法执教：学校体育工作进入法制化轨道

1985 年 5 月 15 日，党中央召开了改革开放以来全国第一次教育工作会议，决定把教育体制改革与同期进行的经济和科技改革紧密联系起来。1985 年 5 月 27 日，中央政治局讨论通过《中共中央关于教育体制改革的决定》，强调："在简政放权的同时，必须加快教育立法工作"，确立了"教育必须为社会主义建设服务，社会主义建设必须依靠教育"的具有中国特色社会主义教育的根本指导思想，把加强教育立法、实行依法执教作为保障教育改革与发展的重大决策。1986 年 4 月 12 日，第六届全国人民代表大会第四次会议通过了《中华人民共和国义务教育法》（自 1986 年 7 月 1 日起实施），第一次使普及义务教育有了专门的法律保障。《中华人民共和国义务教育法》的颁布和实施标志着我国义务教育迈入了一个新的发展时期。为了实施《中华人民共和国义务教育法》，国家教委制定了义务教育阶段教学工作的指导性文件《九年义务教育全日制小学、初级中学课程计划（试行）》。

1990 年 3 月 12 日，国家教委颁布了《学校体育工作条例》，这个条例分总则、体育课教学、课外体育活动、课余体育训练与竞赛、体育教师、场地器材设备和经费、组织机构和管理、奖励与处罚、附则共九章三十一条，分别对学校体育工作的重大问题作出了明确规定。《学校体育工作条例》是新中国成立以来国家制定的关于学校体育工作最全面的行政法规，是检查评估学校体育工作的根本依据，标志着我国学校体育工作走向正轨，管理更加规范化和制度化，开始真正进入依法执教的轨道。

1993 年 2 月，中共中央、国务院正式发布《中国教育改革和发展纲要》（以下简称《纲要》），要求进一步加强和改进学校体育卫生工作，动员社会各方面和家长关心学生的体质和健康。

各级政府要积极创造条件，切实解决师资、经费、体育场地、设施问题，逐步做到按教学计划上好体育与健康课程。[①]《纲要》第一次明确了各级政府在加强学校体育工作方面应负的责任。1995 年 8 月颁布的《中华人民共和国体育法》明确指出，“教育行政部门和学校应当将体育作为学校教育的组成部分，培养德、智、体等方面全面发展的人才”，“学校必须开设体育课，并将体育课列为考核学生学业成绩的科目”。[②]《中华人民共和国体育法》再次从国家层面强调了体育在学校教育中的地位。

学生的健康问题备受关注，体育在增进学生健康中具有积极的作用。1999 年 6 月颁发的《中共中央国务院关于深化教育改革全面推进素质教育的决定》（以下简称《决定》）明确指出：“健康的体魄是青少年为祖国和人民服务的基本前提，是中华民族旺盛生命力的体现。学校体育要树立健康第一的指导思想，切实加强体育工作，使学生掌握基本运动技能，养成坚持锻炼身体的良好习惯。确保体育课程和课外体育活动的时间，不准挤占体育活动时间和场所。”[③]《决定》从行政法规的角度明确提出学校教育要树立“健康第一”的指导思想，这充分体现了国家对青少年的关怀，肯定了学校体育在提高学生身体素质以及健康心理中的重要作用，为进一步加强学校体育工作奠定了基础。

这些逐步形成的学校体育工作的法规文件，为学校体育法规、制度的进一步完善奠定了基础，为新世纪我国学校体育教学的改革和发展提供了可靠的法律保证，推动着学校体育教学向法制化、规范化方向发展。

---

① 尹青山，等. 中国改革开放政策大典［M］. 北京：中国建筑工业出版社，1993：824.

② 中华人民共和国体育法［Z］. 1995.

③ 中共中央，国务院. 关于深化教育改革全面推进素质教育的决定［Z］. 1999.

### （二）规范教学：体育课程计划的颁布与实施

为规范体育教学，国家正式颁布了课程计划（大纲、标准），作为我国体育教育需要遵循的纲领性、指导性文件。不同时期的体育教学大纲，其教学目的的侧重点各不相同（见表3－2），凸显出较强的时代特征。

**表3－2　80年代中期—90年代末期中小学体育教学大纲比较**

| 时　间 | 大　纲 | 体育教学的目的 |
|---|---|---|
| 1987年 | 全日制小学体育教学大纲 | 增进学生健康，增强体质，促进学生在德育、智育、体育等诸方面都得到生动活泼的发展，为提高全民族的素质奠定基础。 |
| 1987年 | 全日制中学体育教学大纲 | 增强学生体质，促进身心发展，使学生在德育、智育、体育、美育几方面得到全面的发展，成为社会主义建设者和保卫者。 |
| 1988年 | 九年制义务教育全日制小学体育教学大纲（初审稿） | 通过体育教学，向学生进行体育、卫生保健教育，增进学生健康，增强体质，促进德智体美全面发展，为提高全民族的素质教育奠定基础。 |
| 1988年 | 九年制义务教育全日制初级中学体育教学大纲（初审稿） | 通过体育教学向学生进行体育、卫生保健教育，增强学生体质，促进身心发展，培养德、智、体、美全面发展的社会主义的建设者和保卫者。 |
| 1992年 | 九年义务教育全日制小学体育教学大纲（试用） | 通过体育教学，向学生进行体育、卫生保健教育，增进学生健康，增强体质，促进德智体全面发展，为提高全民族的素质奠定基础。 |
| 1992年 | 九年义务教育全日制初级中学体育教学大纲（试用） | 通过体育教学向学生进行体育卫生保健教育，增强学生体质，促进身心发展，培养德智体全面发展的社会主义的建设者。 |

续表3-2

| 时　间 | 大　纲 | 体育教学的目的 |
| --- | --- | --- |
| 2000 年 | 九年义务教育全日制小学体育与健康教学大纲（试用修订版） | 体育与健康课的教学以育人为宗旨，与德育、智育和美育相配合，促进少年儿童身心的全面发展。为培养社会主义建设者和接班人做好准备。 |
| 2000 年 | 九年义务教育全日制初级中学体育与健康教学大纲（试用修订版） | 学校体育与健康教学以育人为宗旨，与德育、智能和美育相配合，促进青少年身心的全面发展。为培养社会主义的建设者和接班人奠定良好的基础。 |
| 2000 年 | 全日制普通高级中学体育与健康教学大纲（试验修订版） | 体育与健康教学以育人为本，配合德育、智育和美育，促进高中学生身心全面发展。为培养祖国的社会主义建设者和接班人做好准备。 |

资料来源：课程教材研究所. 20 世纪中国中小学课程标准·教学大纲汇编：体育卷［M］. 北京：人民教育出版社，2001.

1987 年，国家教委颁布了过渡性的教学大纲《全日制小学体育教学大纲》和《全日制中学体育教学大纲》，提出了确定体育教学内容的七项原则：思想性原则、增强体质原则、科学性原则、理论实践相结合原则、全面性（教材多样性）和兴趣性原则、统一性与灵活性相结合原则、体育教材与《国家体育锻炼标准》相结合原则。[①] 这两部大纲再次强调了“增强体质原则”，形成了“一个目的、三项基本任务”的体育课程目标框架体系，增加了选用教材的比例，体现了“统一性与灵活性相结合的原则”，在强调体育教学是以锻炼身体的实践活动的同时，加大了理论教材的授课时数比重，突出了“理论与实践相结合的原则”。大纲还提出体育教学要以学生为主体，面向全体学生，充分发挥教师的主导作用，不断改进教学方法，使学生懂得锻炼身体的基本原理和独立

① 课程教材研究所. 20 世纪中国中小学课程标准·教学大纲汇编：体育卷［M］. 北京：人民教育出版社，1999：116－117，592－593.

进行科学锻炼的方法，以适应终身锻炼身体和生活娱乐的需要。[①] 在《全日制中学体育教学大纲》中首次提出了“发展学生个性”“为祖国锻炼的社会责任感和献身精神”“适应终身锻炼身体和生活娱乐的需要”等理念，体现了“终身体育思想”。

1988年，国家教委颁布了《九年制义务教育全日制小学体育教学大纲（初审稿）》和《九年制义务教育全日制初级中学体育教学大纲（初审稿）》。这两部大纲是依据《九年制义务教育教学计划》有关课程设置的规定制订的，第一次强调了“体育课是义务教育各年级的必修课程”，“体育教学应面向全体学生”，突出了体育教学的重要性。在教学中要体现民族特点，强调了“继承和发扬民族传统体育的原则”。[②] 这次大纲较上次颁布的大纲有明显的区别，大纲中要求学校不断培养全面人才，达到德、智、体、美的全面发展。体育教学的总体目标也更加与时俱进，要求提高全民族的素质，为促进社会进步和祖国强大奠定基础。1988年，在南京召开的全国学校体育卫生工作会议指出：深化体育教学改革的重点应放在如何使体育课教学既有统一性，又有灵活性，建立起具有中国特色的又符合实际的体育课教学体系。尤其要重视探索使学生由被动变主动，对体育形成爱好，养成习惯的实验和研究。[③] 体育教学中学生的主体地位逐渐得到重视。

1992年，国家教委颁布了《九年制义务教育全日制小学体育教学大纲（试用）》和《九年制义务教育全日制初级中学体育教学大纲（试用）》。这两部教学大纲强调教学的目的是：通过体

---

① 课程教材研究所. 20世纪中国中小学课程标准·教学大纲汇编：体育卷［M］. 北京：人民教育出版社，1999：119，595.

② 课程教材研究所. 20世纪中国中小学课程标准·教学大纲汇编：体育卷［M］. 北京：人民教育出版社，1999：158，647.

③ 李晋裕，滕子敬，李永亮. 学校体育史［M］. 海口：海南出版社，2000：153－154.

育教学向学生进行体育卫生保健教育，增强学生体质，促进身心发展，培养德智体美全面发展的社会主义的建设者。教学任务是：全面锻炼学生身体，学习基础知识，掌握基本技术，发展基本能力，向学生进行思想品德教育。① “育人”是这一大纲的核心目的。这两部大纲明确规定了体育教学不仅是单纯的体育教学，还包括卫生和保健的基本内容。② 1992 年颁布的教学大纲将卫生和保健的基本内容纳入体育课程的内容体系，这表明国家对青少年体质健康的重视程度进一步提高，使得体育教师不仅要在教学中传授运动技术，还承担了对学生进行健康教育的责任。体育教学任务的拓展，增加了体育教师的工作量，同时也对体育教师传统的知识结构提出了挑战。可见，1992 年的中学体育教学大纲就是对 1987 年大纲的一个延续和拓展，体现出了“以学生为本，以学生为核心”的新的指导思想，要多关注学生的发育发展乃至身体心理的发展。

2000 年，教育部颁布了《九年义务教育全日制小学体育与健康教学大纲》（试用修订版）、《九年义务教育全日制初级中学体育与健康教学大纲》（试用修订版）和《全日制普通高级中学体育与健康教学大纲》（试验修订版）。2000 年的大纲沿用了“一个目的，三项基本任务”的提法，较之以前的大纲，从人的本质出发，首次突出“健康第一”的指导思想，以增强学生体魄为核心，明确体育教学“以育人为宗旨”，强调培养身心全面发展的学生。以服务学生，提高学生自主学习的能力，切实提高学生综合素养为己任，从体育方面对学生进行素质教育。这两份大纲以“全面贯彻教育方针和健康第一”为指导思想，重视以学生

① 课程教材研究所. 20 世纪中国中小学课程标准 · 教学大纲汇编：体育卷［M］. 北京：人民教育出版社，1999：221，687.

② 郝勤. 体育史［M］. 北京：人民体育出版社，2006：437.

为主体，重在发挥体育与健康教学的综合功能，加大了教学内容的选择性，改革了体育考核和评价的方法。[①] 强调体育锻炼对学生心理素质和社会适应能力的培养价值。

一系列适合我国国情的教学大纲的颁布，明确了体育课程目标，确定了选择体育教学内容原则，给出了体育教学评价的标准，这对规范体育教学的实施起到了积极作用，推动着我国学校体育走向快速发展阶段。同时，学校在培养学生的方向上不再只是考虑政治需求，而是越来越多地考虑学生本身，从人的本身出发去全面提高学生的综合素质。培养方向的改变带来了思想观念的转变，体育教学不再仅仅是从服务政治出发，更要从社会发展和学生本身发展需求出发。体育教师的职业价值观和职业角色开始发生改变。但是，这些全国统一的课程大纲，对我国南北地区、城市与乡村等地域差异考虑不足，难以体现地方特色。体育教师只是按照教学大纲执行，在一定程度上限制了教师主观能动性的发挥，不利于发挥教师在教学中的积极性。

### （三）师资培养：体育教师教育法制化规范化

教师是立教之本，兴教之源。教师是学校的主体，邓小平早在 1978 年全国教育会议上就指出："一个学校能不能为社会主义建设培养合格的人才……关键在教师。"1985 年 5 月 17 日，万里在全国教育工作会议上讲话指出："革命和建设事业，没有人才都不可能取得成功"，"重视知识和人才就必须重视教育"，"要把各级师范教育提到重要地位"。[②]

---

① 郝勤．体育史［M］．北京：人民体育出版社，2006：437.

② 《中国教育年鉴》编辑部．中国教育年鉴（1982—1984）［M］．长沙：湖南教育出版社，1986：18，19，22.

1. 教师资格制度的建立

教师是教育事业的支柱，是提高教育质量的关键所在。教师队伍的整体素质是国家综合实力之所系，全民族素质之所系。为了提高教师素质，加强教师队伍建设，1985 年中共中央颁布《关于教育体制改革的决定》，明确指出，担任教师的人员必须具备合格学历或者考核合格证书。这个决定要求在我国从事教师职业，必须通过教师资格认证考试并获得教师资格证书。1994 年 1 月 1 日《中华人民共和国教师法》正式实施，这是我国教育史上第一部有关教师的法律。《中华人民共和国教师法》明确了教师的使命、权利义务、法律责任和国家对教师的资格要求，首次以法律形式明确规定“国家实行教师资格制度”。它的实施对于保障教师待遇和社会地位，加强教师队伍的规范化管理，确保教师队伍整体素质不断优化和提高具有特殊意义。1995 年 3 月，《中华人民共和国教育法》颁布。《中华人民共和国教育法》是中国教育工作的根本大法，是依法治教的根本大法。它为落实教育优先发展的战略地位，促进教育的改革与发展，建立具有中国特色的社会主义现代化教育制度，维护教育关系主体的合法权益，加速教育法制建设，提供了根本的法律保障。《中华人民共和国教育法》的颁布，标志着中国教育工作进入全面依法治教的新阶段。它再次从法律的层面确认了教师资格制度。同年 12 月，国务院又发布了《中华人民共和国教师资格条例》，规定“中国公民在各级各类学校和其他教育机构中专门从事教育教学工作，应当依法取得教师资格”，并明确了教师资格的分类与适用、教师资格的条件、教师资格考试、教师资格认定等。这一系列举措初步确立了我国教师资格证书制度，在一定程度上提高了教师的地位。

2. 体育专业教育改革

各级师范教育是培养教师的摇篮。我国基础教育规模庞大，为适应中小学体育发展对体育教师的要求，体育专业教育以培养体育师资为核心符合当前乃至相当长时间我国高教和基础教育的现实。任何体育教育改革必须置身于教育改革发展的相关大背景下，才能把握自身改革的必要性、可能性，并做出理性的抉择。1985 年，中共中央颁布《关于教育体制改革的决定》，指出要把发展师范教育和培训在职教师作为发展教育事业的战略措施。从此我国高教体制改革进入了一个新的探索和实践阶段。

1986 年国家教委发布《关于加强中小学体育师资队伍建设的意见》(以下简称《意见》)，明确指出："当前，加强学校体育工作，除改善体育方面的设施条件外，关键是建设一支数量足够、质量合格、相对稳定的师资队伍"。《意见》强调，小学专职与兼职体育教师按 1∶8 计算，全国约需配备专职体育教师 10 万名，兼职体育教师 80 万名。现有专职体育教师约 4 万名，缺额 6 万名。现有的小学体育教师大部分没有学过体育专业，全国中学约需配备体育教师 18 万名，现有约 6 万名（其中初中约缺 5 万名）。在现有的中学体育教师中，学历不符合要求者，初中占 80%以上，高中占 75%以上。① 提出小学、初中和高中体育教师分别要达到中师、体育专业专科、体育专业本科的毕业程度，并提出了培养体育师资的要求和加速培养中小学体育师资的系列措施，将我国体育教师队伍建设的中心工作转移到"建设一支数量足、质量合格、相对稳定的师资队伍"上来。这为培养以体育师资为主的体育专业教育建设发展明确了任务和方向。为适应各级学校对体育师资的需求，高等院校的体育专业教育采取了扩大体育系、科招生等一系列措施，以满足社会发展对体育教师的需求。

随着教育改革的展开，"一专多能"或"多能一专"等师资培养思想被提出。体育人才培养首先必须考虑培养目标的定位，这种定位既具有相对的稳定性，又随着社会的发展而发生变化

---

① 国家教委. 关于加强中小学体育师资队伍建设的意见［Z］. 1986.

(见表3—3)。1986年10月，国家教委印发《高师体育专业教学计划试点改革方案》，将培养目标确定为“培养德智体全面发展的中等学校体育教师”，确立了适应改革特点的培养目标。体育师资职前教育逐渐步入正轨，为今后体育教育专业的改革与发展奠定了基础。1988年，体育学设置了体育教育、运动训练、体育管理、体育生物科学和武术、体育新闻、体育保健康复、运动心理、警察体育等试办专业。从此，以培养体育师资为主要目标的专业正式命名为“体育教育专业”，并一直沿用至今。

**表3—3　改革开放至90年代我国四套体育教育本科专业课程方案（计划）培养目标**

| 类　别 | 培养目标 |
| --- | --- |
| 1980年教学计划 | 全面学习的基础上有所专长，具有从事中等学校体育教学训练、竞赛、裁判和计划管理场地设备等工作能力 |
| 1986年教学计划 | 培养德智体全面发展的中等学校体育教师 |
| 1991年教学计划 | 培养德智体全面发展的，从事体育教育和科研工作的中等学校体育教师 |
| 1997年课程方案 | 培养适应我国社会主义现代化建设的实际需要，德智体全面发展，具有良好的科学素养，掌握体育教育的基本理论、基本知识和基本技能，并受到体育科学研究基本训练的体育教育专门人才 |

资料来源：方千华，黄汉升．改革开放以来我国普通高校体育教育本科专业课程设置的沿革［J］．西安体育学院学报，2006，23（1）：103—107.

1990年后，教育部采取了一系列深化本专科体育专业和教学改革措施。国家教委于1991年6月印发《普通高等学校本科体育教育专业教学计划》，将培养目标规定为：培养德智体全面发展，从事体育教育和科研工作的中等学校体育教师。该计划进一步明确了普通高校本科体育教育专业的培养目标和培养规格，转变了以竞技运动为主的教学体系，突出了师范教育的特点。[①] 国家教委1992年组织编写，1993年颁布的《普通高等学校本科体育教育专业十一门课程基本要求》，是国家教委对体育教育专业课程建设的一份指导性文件，是各办学单位组织教学过程，开展教学评估和教材建设的重要依据。

随着素质教育思想的强化，“复合型体育师资”的思想又被提出。1997年2月，国家教委颁布《全国普通高等学校体育教育专业本科专业课程方案（试行）》，将原来的“教学计划”改为“课程方案”，顺应了高等教育逐步扩大学校办学自主权的趋势。该方案确定的培养目标为：培养适应我国社会主义现代化建设的实际需求，德、智、体全面发展，具有良好科学素养，掌握体育教育的基本理论、基本知识和基本技能，并受到体育科学研究基本训练的体育教育专门人才。形成必修课程为主，必修课程和选修课程相结合的课程体系，既强调共性，又不忽视个性，使我国体育教育专业课程体系更加科学合理。突出了“提高水平，减少重复，加强综合，重视实践，培养能力，因材施教”的指导思想。方案对培养目标提出了五条具体的业务要求，并制定了《体育教育本科专业九门主干课程教学指导纲要》。人体解剖学、人体生理学、学校体育学、体育心理学、体育保健学、田径、体操、武术、球类（篮、排、足）九门主干课程各校均需开设，制定统一的指导纲要，迈出了培养新型体育教师的第一步。

我国的体育教育专业虽以培养体育师资为核心指向，但课程设置主要侧重于学科的专业教育，对于如何当体育教师主要是开设了“教育学”“心理学”“教材教法”“教学实习”等教育类课程，这些课程在整个课程设置中所占的比重较小，而在主干课程（见表3－4）中有关体育教育类的课程仅有“体育心理学”和

① 国家教委. 普通高等学校本科体育教育专业教学计划［Z］. 1991.

“学校体育学”，这些课程对培养体育教师对体育教学的理论认识发挥着有限的作用。这表明体育教育专业尚未形成能充分体现师范特色的课程体系。

**表 3-4　20 世纪 90 年代我国两套体育教育本科专业课程方案（教学计划）主干课程设置状况**

| 类　别 | 门（类）数 | 主干课程名称 |
|---|---|---|
| 1991 年教学计划 | 11 | 人体解剖学、体育概论、人体生理学、体育心理学、体育保健学、学校体育学、体育测量与评价、体操、田径、球类、武术 |
| 1997 年课程方案 | 9 | 人体解剖学、人体生理学、体育心理学、体育保健学、学校体育学、体操、田径、球类、武术 |

我国普通高校体育教育专业为适应基础教育改革与发展的需要，适应教师专业化发展和社会发展需要，积极推进体育教育专业改革，提高体育教育专业教学质量，提升师范教育的专业化程度。通过举办全国体育教育专业基本功大赛，突出了体育教师和师资队伍建设的特色；国家教委于 1996 年 11 月 7 日下发了关于举办 1997 年全国高校体育教育专业大学生基本功大赛的通知，决定 1997 年 8 月在上海师范大学举办“全国高校体育教育专业大学生基本功大赛”。这是首次检查体育教育专业大学生掌握基本功情况的全国性竞赛，此次大赛设体育理论知识和运动技术技能两大类共六个项目。此后，基本功大赛定期举行，并逐渐对竞赛办法和竞赛方式进行了改革，体育理论知识部分增加了外语、计算机、微课比赛，参赛学生由原来的各校选派改为随机抽取。

举办基本功大赛的目的是检查各院系执行《全国普通高等学校体育教育专业本科专业课程方案（试行）》的情况和效果，促进教学改革，提高教育水平。基本功大赛已成为检阅体育教育专业教学质量，展示体育教育专业学生风采的一个品牌，推动了体育教育专业和学科建设，提高了体育教育专业的培养质量。

3. 加强对体育教学问题的研究

体育专业教育改革，不仅与高等教育改革有关，还与基础教育密切相关，更与体育尤其是学校体育直接相关。加强学校体育科学研究，重视对一线体育教学实践的研究，站在学校体育改革实践的前沿，把握学校体育发展的脉搏，体育教育专业才能把握自身改革的必要性、可能性，并做好合理性抉择。研究者们对基础教育中的诸多问题进行了研究。关于体育教学目标，最初大家认可的是“增强学生体质，增进学生健康”，随着“素质教育”的提出，这一单一的教学目标已不能适应学生发展的需要。1985年中共中央颁布的《关于教育体制改革的决定》中提到，在整个教育体制改革过程中，必须牢牢记住改革的根本目的是提高民族素质，多出人才，出好人才。这是首次在中央文件中把教育和素质并提。1988年全国学校体育卫生工作会议还指出：深化体育教学改革的重点应放在如何使体育课教学既有统一性又有灵活性，应建立起既具有中国特色又符合实际的体育课教学体系。一场新的教育改革启动，从关注为什么教、怎么教的教学改革到关注教什么的课程改革，以前全国统一体育教学大纲、统一体育教学内容、统一考核标准，体育教师只要“认真执行大纲，改革教学方法，提高教学质量”就是尽心尽责了。这一次课程改革以素质教育为指导，制定了若干类型的体育课程，改变了全国“一刀切”的现象。1993年，中共中央、国务院印发《中国教育改革和发展纲要》，明确提出素质教育。素质教育的提出，引起了学校体育工作者的关心。在这样的前提下，体质就不再是体育发展的唯一目标了。周登嵩、毛振明教授明确指出：“体育教学目标已经不是去增强体质，而是掌握知识技能、开发兴趣习惯、培养创造能力，同时尽可能地同步发展学生的体质。所以，增强体质已经是次要目标了，当然就长远而言，也是我们期望通过体育教学而达到的宏观目标之一。”[1] 学校体育的总目标明确到各学段目标，最终落脚在每节课的体育教学目标，将长远目标与近期目标相结合。随着认识的发展，人们在学校体育目标的追求上形成了三维健康观。

在新的教育理念指引下，出现了“情境式教学”“发现式教学”“创造性教学”“分层递进教学”“小群体教学”等多种教学模式。学校体育工作者也开始探索快乐体育等新的教学模式。体育教学模式成为体育教研的热点，研究者们对体育教学模式的概念、特征、结构、理论依据、分类依据、应用条件等进行了研究和探讨。重视探索使学生由被动变为主动，对体育形成爱好，养成习惯。[2] 这一时期的体育教学开始强调“育体”和“育心”的结合，并根据体育学习的心理过程探索新的教学方法，如情境教学法、动机迁移法等。[3] 随着系统论、信息论、控制论等现代科学理论的传播，学校体育领域也展开了关于“学校体育课主要任务”的大讨论，其中颇具代表性的教学思想有以下几种：以三基教学为主，以增强体质为主，三基和增强体质结合，以培养体育能力为主。90年代后，在体育教学大纲的指导下，对教学目标、内容、方法和手段进行深入研究是体育教研的重点。此外，随着思想的进一步解放，体育教学不但重视教师主导和学生主体相结合，而且重视对学生学法的研究。[4] 这些问题的研究和探讨，进一步丰富了我国体育教学理论，但是在实际教学中，还有诸如阻

---

① 周登嵩，赖天德，毛振明. 学校体育教学探索［M］. 北京：人民体育出版社，2000.

② 李晋裕，滕子敬，李永亮. 学校体育史［M］. 海口：海南出版社，2000：153—154.

③ 范国梁，谭华. 改革开放以来我国学校体育思想的演变［J］. 体育学刊，2005 (1)：85—87.

④ 侯海燕，张健. 我国中小学体育教学研究的演变及其经验［J］. 体育文化导刊，2013 (8)：94—97.

碍学校体育发展的根本原因是什么、学校体育地位低等很多问题困扰着学校体育的改革，需要研究者们更加深入地进行研究。

## 三、第三阶段：创新发展（21 世纪初至今）

进入 21 世纪以后，科学技术迅猛发展，知识经济到来，国际竞争日益加剧，我国现代化建设面临更为艰巨的任务。缺少具有国际领先水平的创新性人才，已经成为制约我国创新能力和竞争能力的主要因素之一。[①] 为顺应时代要求，深化教育改革，以 1999 年《面向 21 世纪教育振兴行动计划》和《中共中央国务院关于深化教育改革全面推进素质教育的决定》等政策的公布为标志，我国教育改革进入持续深入时期，教育质量全面提升。体育是学校教育的重要组成部分，基础教育体育也踏上改革之路。

### （一）新一轮基础教育体育与健康课程改革

基础教育是提高国民素质和培养人才的奠基工程，而我国基础教育的质量，素质教育的进展与社会发展的需求相比还存在明显的差距。为培养高质量人才，提升国际竞争力，迫切需要在基础教育领域加快全面推进素质教育的步伐，努力培养全面发展的一代新人。

1. 体育与健康课程标准问世

2001 年全国基础教育工作会议后，国务院做出了《关于基础教育改革与发展的决定》（以下简称《决定》），深刻指出："基础教育是科教兴国的奠基工程，对提高中华民族素质，培养各级各类人才，促进社会主义现代化建设具有全局性、基础性和先导

① 《中国教育年鉴》编辑部. 中国教育年鉴（1999）［M］. 北京：人民教育出版社，1999.

性作用。”[①] 2001年，教育部发布《基础教育课程改革纲要（试行）》（以下简称《纲要》），为我国基础教育课程改革描绘了一幅宏伟的蓝图，对全体教育工作者提出了全新的要求。《纲要》和《决定》突出了贯彻党的教育方针，扎实推进素质教育思想，提出要加快构建适应时代发展要求的新的基础教育课程体系，在世纪之交启动了我国新一轮基础教育课程改革。

2001年，教育部制定全日制义务教育普通高级中学《体育（1－6年级）体育与健康（7－12年级）课程标准》（实验稿）。2002年，教育部和国家体育总局共同研制并印发《学生体质健康标准（试行方案）》。2003年，《高中体育与健康课程标准》颁布实施。新体育课程标准对课程的名称做出了调整，具体规定了体育课程的性质，将体育与健康课程的目标划分为运动参与、运动技能、身体健康、心理健康和社会适应等五个学习领域，并设置了明确的学习目标和内容标准（但不严格规定全国统一的具体学习内容），提出了教学实施和评价的建议。2004年在各级各类学校全面实施的新课程标准，体现了以“健康第一”为指导思想的教育观。此套课程标准提出的“坚持健康第一的指导思想，促进学生健康成长”“激发运动兴趣，培养学生终身体育意识”“以学生发展为中心，重视学生的主体地位”“关注个体差异与不同需求，确保每一位学生受益”的课程理念，突出了时代特点，呈现出了以下特征：①注重体育课程的健康价值，确立坚持“健康第一”的指导思想；②关注学生全面发展，力图突破以体育学科知识为中心的系统传授，倡导以学生发展为中心，注重培养学生的运动兴趣和爱好，为终身体育打基础；③适应学生多元化的体育需求，建构弹性化的体育课程内容，强调教学内容要与学生的生活经验和实际生活相联系；④改变教师单一灌输、学生被动接

① 国务院．关于基础教育改革与发展的决定［Z］．2001.

受的传授式教学模式，倡导自主学习、合作学习、探究学习等新型教学方式，强调学生体育认知经验的重要性，重视培养学生的创新意识和能力；⑤强调评价内容的多样化、评价方法的多元化，改变传统体育课程评价中只重视运动成绩、注重甄别和选拔功能的倾向，强化评价的激励和发展功能；⑥摒弃以教师为中心的传统教学理念，改变教师的绝对权威角色，倡导构建师生间平等合作、相互交往和共同发展的新型关系；⑦建立三级课程管理体制，明确国家、地方和学校各自的责任，充分调动地方和学校的积极性和创造性。[①] 体育与健康课程标准规定了中小学体育课程的性质、目标、内容和评价标准等，体现了国家对不同学段学生在身体方面发展的基本要求，是中小学实施体育教学的依据，指引着体育教学的改革发展方向。

2006 年 12 月，全国学校体育工作会议在北京召开，这是新中国成立以来我国首次专门针对学校体育工作召开的会议。会议提出，应把提高青少年的健康素质纳入各地全面建设小康社会的总体目标，纳入教育工作和体育工作规划，并把青少年的体质健康状况作为评价教育工作和体育工作的重要指标。2007 年 5 月 7 日，中共中央、国务院印发了新中国成立以来针对青少年体育工作的最高规格文件《中共中央国务院关于加强青少年体育增强青少年体质的意见》，指出增强青少年体质，促进青少年健康成长，是关系国家和民族未来的大事。文件强调加强青少年体育是国家意志、政府行为，阐述了加强青少年体育，增强青少年体质的意义，将对学生体质和健康重要性的认识提高到国家和民族发展的高度，是指导青少年体育的纲领性文件，进一步体现了“学校体育要树立健康第一的指导思想”，为推进学校体育工作的深入开

① 教育部. 体育（1～6 年级）体育与健康（7～12 年级）课程标准（实验稿）[Z]. 北京：北京师范大学出版社，2001：27.

展奠定了政策基础。

此次课程改革把学生的健康摆在了学校教育的首位，突出以“健康第一”为指导思想，着眼于学生全面发展，重视学生的主体地位。明确提出了体育课程的四大理念，反映了“以学生为本”的核心价值，旨在发挥体育与健康学科教育的综合功能，落实素质教育的要求。在教学内容选择等方面突出了“健康第一”的指导思想，并通过确立学生主体地位，根据学生实际情况灵活选择教学方法，突出地方特色等途径予以保证。“使学校体育正在摆脱传统的学科单一、单纯技术的自我封闭，积极地与健康教育、心理教育、生活教育、生存教育以及道德教育相融合，在交融过程中使体育学科内涵更为丰富，更具有生命力，成为学校校园文化独特的风景线。”① 使体育教师认识到课程标准代替教学大纲是更深层次的实质性转变。体育教师的教学观念和教学行为发生积极转变，引导着学生对体育与健康的态度和行为发生积极变化。

中小学体育课程的建设同我国的教育改革与发展相伴而行，是为我国的社会主义现代化建设服务的。2001 年的学校体育课程改革，是学校体育适应社会发展需要、学生身心发展规律及其发展需要、学科知识体系不断发展完善的需要等的必然选择。教师对新课程的理解和参与是推行新课程的前提，因为他们最终决定着课程实施的走向。② 随着基础教育改革和素质教育的不断推进，对体育教育专业毕业生的能力和素质的要求越来越高，教师专业化成为这一时期我国教师发展的重要趋势。

2. 新版体育与健康课程标准出台

2010 年，新世纪第一次全国教育工作会议的召开和《国家

---

① 周登嵩. 新世纪我国学校体育改革与发展研究综览 [J]. 首都体育学院学报，2005，17 (3)：1—7.

② 钟启泉，等. 为了中华民族的复兴 为了每位学生的发展——《基础教育课程改革纲要（试行）》解读 [M]. 上海：华东师范大学出版社，2001：419.

中长期教育改革和发展规划纲要（2010—2020 年）》的发布，描绘了我国未来教育改革发展的蓝图，指明了今后教育改革的方向。随着新一轮体育与健康课程改革的纵深推进，新课改在得到广大师生认同的同时，所暴露出来的教学目标泛化、教学内容流失等问题也引发了广泛的、持续不断的学术争论。教育部对体育与健康课程标准实施情况进行了大规模调研，启动了课程标准的修订工作，《义务教育阶段体育与健康课程标准（2011 年版）》出台。该课程标准秉承了课程改革的总方向，重视传统与现代的结合。

随着教育改革的深入推进，学生适应未来发展必备的素养受到关注。2014 年教育部印发《关于全面深化课程改革落实立德树人根本任务的意见》，指出课程改革面临全球化发展的新的挑战，高校与中小学课程改革存在一定的差异，主要表现在：重智轻德，单纯追求分数和升学率，学生的社会责任感、创新精神和实践能力较为薄弱；高校、中小学课程目标有机衔接不够，部分学科内容交叉重复，课程教材的系统性、适宜性不强；与课程改革相适应的考试招生、评价制度不配套，制约着教学改革的全面推进；教师育人意识和能力有待加强，课程资源开发利用不足，支撑保障课程改革的机制不健全。这些困难和问题直接影响着立德树人的效果，必须引起高度重视，全面深化课程改革，切实加以解决。明确界定了核心素养，即学生应具备的适应终身发展和社会发展需要的必备品格和关键能力。

2016 年 9 月，北京师范大学举行了中国学生发展核心素养研究成果发布会，将核心素养分为文化基础、自主发展、社会参与三个方面，综合表现为人文底蕴、科学精神、学会学习、健康生活、责任担当、实践创新六大素养，具体细化为十八个基本要点。基于学科核心素养的新课程改革，应如何界定学科核心素养，重点应该强调基础能力还是学科的独特贡献，给老师们提出了新的思考方向。体育学科在培养什么样的人，如何培养，如何在促进学生全面发展中做出体育学科的贡献，成为体育教师新的研究课题。

2016 年 5 月，国务院办公厅印发《关于强化学校体育促进学生身心健康全面发展的意见》，明确指出：指导思想特别强调以“天天锻炼、健康成长、终身受益”为目标，“强化学校体育是实施素质教育、促进学生全面发展的重要途径，对于促进教育现代化、建设健康中国和人力资源强国，实现中华民族伟大复兴的中国梦具有重要意义。”“全面提升体育教育质量，健全学生人格品质，切实发挥体育在培育和践行社会主义核心价值观、推进素质教育中的综合作用，培养德智体美全面发展的社会主义建设者和接班人。”普通高中体育与健康标准修订组贯彻教育部深化课程改革，落实“立德树人”的根本任务和健康第一的指导思想，以体育学科核心素养为统领，深入分析总结了普通高中课程改革十年来取得的成绩、积累的经验和存在的问题，对 2004 年版普通高中体育与健康课程标准进行了修订，于 2018 年 1 月颁布了《普通高中体育与健康课程标准（2017 年版）》，并将于 2018 年秋季开始执行。此标准凝练了体育学科的核心素养，首次提出了要发展学生体育社团活动，突出了体育的育人功能，提出要强化体育文化教育，培养学生健康的生活方式；在教学结构和内容上，增加了选修模块，增加了学分，增加了养生方法的教育，增加了体育学科与信息技术的融合。这些变化对教师提出了更高的要求，老师需用更丰富的教学手段教给学生更多的内容。

### （二）基础教育改革推进体育教师教育改革

1. 体育教师专业化发展需求

体育新课程标准以目标统领内容，赋予体育教师较大的自主灵活运用空间；构建了由运动参与、运动技能、身体健康、心理健康、社会适应五个方面组成的目标体系；第一次提出发展性评价理念，强化评价的多样性；教学方式向以学生为主的学习方式转变，提出自主—合作—探究式，将学生由被动变为主动，体育教师成为“学习的促进者”；体育课程实行国家、地方、学校的三级管理模式，第一次确定了校本课程的地位，体育教师由体育教学大纲的“实施者”或“执行者”转向体育课程的“开发者”或“设计者”，然而“体育教师有限的体育课程意识和课程开发设计能力就显得捉襟见肘了”①。体育教师的素质与新课程的推进的要求存在一定差距，体育教师的专业化亟待提高，这就促进体育教师重新建构自己的多元化职业角色以及综合知识能力结构，以适应基础教育体育新课程改革的需要。

专业化是指一个职业经过一段时间后成功地符合某一专业性职业标准并获得相应的专业地位的过程。② 教师专业化发展，就是要求教师具有相应的教学实际能力，同时还主张教师积极参与教学目标与教学内容的设计，扩大教师的自主权，促使课堂教学合理化。在教育实践中提倡反思，提倡研究，形成了教师反思运动以及教师成为研究者运动。③ “人们越来越认识到，提高教师专业地位的有效途径是不断改善教师的专业教育，从而促进教师的专业发展。只有不断提高教师的专业水平，才能使教学工作成为受人尊敬的一种专业，成为具有较高的社会地位的一种专业。”④

---

① 黄爱峰，吴昊，顾渊彦. 新课改下的体育教师教育问题透视 [J]. 北京体育大学学报，2005，28 (2)：222—224.

② 黄爱峰，王明献. 专业化：新世纪体育教师教育发展的生命力 [J]. 山东体育学院学报，2007，23 (2)：108—111.

③ 王长纯. 教师专业化发展：对教师的重新发现 [J]. 教育研究，2001 (11)：45—48.

④ 刘微. 教师专业化：世界教师教育发展的潮流 [N]. 中国教育报，2002—01—03 (4).

2001年5月29日，国务院印发了《关于基础教育改革与发展的决定》，第一次在政府文件中以“教师教育”（Teacher Education）替代了长期使用的“师范教育”（Normal Education）概念，提出“完善以现有师范院校为主体、其他高校共同参与、培养培训相衔接的开放的教师教育体系”，指出：“建设一支高素质的教师队伍是扎实推进素质教育的关键。完善以现有师范院校为主体、其他高等学校共同参与、培养培训相衔接的开放的教师教育体系。加强师范院校的学科建设，鼓励综合性大学和其他非师范类高等学校举办教育院系或开设获得教师资格所需课程。支持西部地区师范院校的建设。以有条件的师范大学和综合性大学为依托建设一批开放式教师教育网学院。”“师范院校和其他承担基础教育师资培养和培训任务的高等学校和培训机构应根据基础教育课程改革的目标与内容，调整培养目标、专业设置、课程结构，改革教学方法。”① 2002年2月6日，教育部下发《关于“十五”期间教师教育改革与发展的意见》，首次对“教师教育”做了完整解释：“教师教育是在终身教育思想指导下，按照教师专业发展的不同阶段，对教师的职前培养、入职培训和职后培训的统称。”随后，以“学习观”为统领，以教学观念更新、教学能力提高为目标的完整的体育教师教育体系逐渐建立。通过修订高等学校体育教育专业课程方案，举办全国学校体育科学大会、全国中小学体育教学观摩展示活动以及实施西部地区农村中学骨干体育教师培训计划等形式，强化体育教师教育的理论和实践探索。

体育教师专业化，不仅是基础教育体育课程改革的呼唤，而且是体育院校增强体育教师竞争力的战略选择。体育教师专业

① 国务院. 关于基础教育改革与发展的决定［Z］. 2001.

化，是一个“普通人”成长为“体育教育工作者”的专业化过程。[①] 体育教师专业化是我国体育教育改革和发展的第一要素，教师培养和培训的根本目的就是促进体育教师自身专业化水平的持续提高。

2. 教师专业标准出台推动体育教师发展研究

从发展角度，学科建设的关键因素是人才培养。培养有坚定的事业心、广博的知识和丰富的实践经验、较强的科研能力和较高的学术水平的高素质人才。21 世纪，我国教育发展进入全面提高教育质量的阶段。教育大计，教师为本。中小学教师队伍的整体素质和水平是教育发展的关键因素，培养造就一大批优秀教师是广大人民群众普遍关心的重要问题。大力推进教师教育改革，特别要根据基础教育发展和课程改革的要求，精心制订教育培养方案。1993 年 10 月 31 日公布的《中华人民共和国教师法》规定：“中国公民凡遵守宪法和法律，热爱教育事业，具有良好的思想品德，具备本法规定的学历或者经国家教师资格考试合格，有教育教学能力，经认定合格的，可以取得教师资格。”1995 年 3 月颁布的《中华人民共和国教育法》标志着中国教育工作进入全面依法治教的新阶段。1995 年 12 月国务院发布《中华人民共和国教师资格条例》，指出要提高教师素质，加强教师队伍建设。从这些相关法律法规可以看出我国政府对提高教师社会地位、专业声望、专业化水平的决心和信心。

2010 年 7 月发布的《国家中长期教育改革和发展规划纲要(2010—2020)》(以下简称《纲要》)，是中国进入 21 世纪之后的第一个教育规划，是今后一个时期指导全国教育改革和发展的纲领性文件。《纲要》中明确提出“严格教师资质”“完善培养培训体系”“提高教师专业水平和教学能力”“努力造就一支师德高

---

① 宋会君. 体育教师专业化之研究 [D]. 北京：北京体育大学，2005：18.

尚、业务精湛、结构合理、充满活力的高素质专业化教师队伍”，再一次确认了教师教育改革与发展的方向。然而，教师教育在开放化的过程中出现了一些质量问题：“一些不具备培养中小学师资资质的综合性高校，盲目‘上马’教师教育项目”，“一些师范院校在转型为综合性高校之后，教师教育在一定程度上受到了削弱”，“为追求规模和效益，一些院校盲目扩大师范专业招生数，导致质量受到忽视”。[①] 为贯彻落实教育规划纲要，深化教师教育改革，全面提高教师培养质量，建设高素质专业化教师队伍，2011 年 10 月，教育部印发《关于大力推进教师教育课程改革的意见》，指出：要围绕培养造就高素质专业化教师的目标，坚持育人为本、实践取向、终身学习的理念，实施《教师教育课程标准（试行）》，创新教师培养模式，强化实践环节，加强师德修养和教育教学能力训练，着力培养师范生的社会责任感、创新精神和实践能力。教师教育课程标准体现国家对教师教育机构设置教师教育课程的基本要求，是制订教师教育课程方案，开发教材与课程资源，开展教学与评价，认定教师资格等的重要依据，侧重于教师专业化发展对人才培养的要求。

开放的教师教育体系必须有完善的质量保障体系作为保障。为促进教师专业发展，建设高素质教师队伍，根据《中华人民共和国教师法》和《中华人民共和国义务教育法》，2012 年教育部颁布了《幼儿园教师专业标准（试行）》《小学教师专业标准（试行）》和《中学教师专业标准（试行）》。这些教师专业标准强调了“学生为本、师德优先、能力为重”的基本理念，是国家对合格教师的基本专业要求，是教师开展教育教学活动的基本规范，是引领教师专业发展的基本准则，是教师培养、准入、培训、考核等工作的重要依据。它们的实施，提高了教师职业专业服务的

① 教育部. 关于大力推进教师教育课程改革的意见 [Z]. 2011.

整体水平，提高了教师职业的社会地位和专业声望，引领和促进了教师个体的发展，推进了教师专业化发展。提高体育教师专业化水平，是体育教师教育的根本目标。而体育专业人才培养与基础教育课程改革联系不紧密，“体现体育教师‘专业性’的体育教育类课程建设也存在体系单一、内容滞后等问题”①，体育教师的能力是体育课程与教学改革的关键。中小学需要什么样的体育教师，体育教师应具备什么样的专业素养和能力，推动着体育教师的专业素养和教学技能评价标准研究。

3．教师准入制度的完善促进了体育教师教育改革

《中华人民共和国教师法》虽然规定“国家实行教师资格制度”，但是对于教师资格的认定缺乏具体、细致的规定，教师资格制度缺乏可操作性和严密性。1985 年中共中央颁布《关于教育体制改革的决定》，师范院校开始办非师范专业，非师范类学校开始办教师教育，教育学院和高等师范院校打破了彼此之间的壁垒，我国封闭独立的师范教育系统开始被打破，逐步向开放体系转变。从 20 世纪 90 年代中期开始，我国开始构建以独立设置的师范院校为主体，综合性高等院校共同参与的开放的教师教育体系，且已取得初步成效。

为完善现有教师准入制度，提高教师入职标准，完善的教师资格证书制度成为保障教师队伍质量的基本条件。2013 年 8 月出台的《中小学教师资格考试暂行办法》和《中小学教师资格定期注册暂行办法》，无疑是适应世界教师专业化发展潮流的一项新举措。2014 年 8 月 18 日，教育部发布《关于实施卓越教师培养计划的意见》，指出大力提高教师培养质量成为我国教师教育改革发展最核心最紧迫的任务。为保障教师的质量，将具有教师

① 黄爱峰，王明献. 专业化：新世纪体育教师教育发展的生命力［J］. 山东体育学院学报，2007，23（2）：108－111.

潜质且乐意从教的人员选入教师队伍，2015 年全面实施了《中小学教师资格考试暂行办法》。制定全国统一考试标准，“严格教师职业准入，保障教师队伍质量”，以适应中国基础教育改革对高素质教师队伍的需求。《中小学教师资格考试暂行办法》规定，教师资格考试包括笔试和面试两部分。小学教师资格考试笔试科目为综合素质、教育教学知识与能力两科，中学教师资格考试笔试科目为综合素质、教育知识与能力、学科知识与教学能力三科；面试采取结构化面试、情景模拟等方式，通过抽题、备课、回答规定问题、试讲、答辩、评分等环节进行。下面以中学教师资格考试为例来分析“国考”标准的内容与形式的关系（见表 3—5）。

**表 3—5　教师资格“国考”标准中内容与形式的关系**

| 考试形式 | 考试科目 | 考试内容 |
| --- | --- | --- |
| 笔试（统考） | 科目一：综合素质 | 教育理念、职业道德、法律法规知识、科学文化素养、阅读理解、语言表达、逻辑推理和信息处理等基本能力 |
| | 科目二：教育知识与能力 | 教育教学、学生指导和班级管理的基本知识 |
| | 科目三：学科知识与教学能力 | 拟任教学科领域的基本知识，教学设计实施评价的知识和方法，运用所学知识分析和解决教育教学实际问题的能力 |
| 面试（委托省考） | 教育教学实践能力 | 教师基本素养：职业认知、心理素质、仪表仪态、言语表达、思维品质等。教学基本技能：教学设计、教学实施、教学评价等 |

教师资格考试强调新任教师必须具备的教育教学基本素质和能力，即教师准入的底线；教师资格考试的技术性和应用性要求要多一些。考试内容只是课程标准要求的最基本部分。改革后的教师资格考试将增设综合素质、学科教学能力的考查，突出对教育教学实践能力的考查。此外，以知识性考题为主转变为重点考

查学生的实践能力，考查学生运用所学知识分析和解决教育教学实际问题的能力。这些变化实际上反映了国家对未来教师的新要求，也催生了师范教育改革目标，即育人导向、能力导向、实践导向和专业化导向。体育教育专业作为培养未来体育师资的阵地，必须作出积极应对。

近年来，我国教师教育改革取得了积极进展，为基础教育和职业教育发展提供了强有力的师资保障。同时，教师教育综合改革也面临着开放化背景下的教师教育质量保障制度亟待建立，综合化背景下的教师教育特色亟待强化、教师教育内涵式发展亟待引导等新情况和新问题。2017 年 11 月 8 日，教育部印发了《普通高等学校师范类专业认证实施办法（暂行）》（以下简称《办法》），基于教师教育质量监测平台和大数据，建立了国家统一认证工作体系。《办法》坚持“学生中心、产出导向、质量持续改进”的认证理念，“分级分类、特色发展、追求卓越”的认证定位，“统一体系、学校申请、省部协同”的认证办法，将评价结果应用于教学改进，推动师范类专业人才培养质量的持续提升。认证结果为政策制定、资源配置、经费投入、用人单位招聘、高考志愿填报等提供服务和决策参考。

国家颁布的课程标准和相关办法对高师院校的人才培养计划有重要的影响，促使高师院校进行课程与教学改革。培养模式决定人才培养质量，教师资格“国考”制度对应考者综合能力尤其是教育教学的能力要求提高，推动着高校体育教育专业改革，高校体育人才培养模式改革。

### （三）教师教育改革推进体育教学论学科发展

课程改革的核心是围绕人才培养目标，构建适应人才培养需要的科学完整的课程体系。我国基础教育新一轮课程改革的全面启动，新的教学理念和课程内容的确立，必然呼唤和促使学科教学论作出积极应答。基础教育课程改革不只是实践改革，同时还需要创造出反映课堂实质，能够指导课堂教学改革实践的新理论。因此，教学论理论必须明确基础教育课程的基本理念、基本思路、课程标准、课程体系，注重实践基础上的理论创新，以适应基础教育课程改革。我国基础教育课程改革为“学科教学论”的发展提供了良好的契机。体育课程与教学改革是基础教育改革的重要组成部分，体育学科教学论既是高师院校体现教师教育特点的重要课程，又是直接反映基础教育新课程改革要求的重要载体。体育学科教学论的发展状况将直接影响高师院校体育师资的培养水平。因此，体育学科教学论的发展必须立足于体育教师的专业成长，明确其在教师教育中的重要作用，将体育学科教育实践贯穿于体育教师教育全程，促进高等师范院校与基础教育实际的深度融合，更好地为我国基础教育的改革和发展做出应有的贡献。

2003 年 6 月 19 日，教育部印发了《全国普通高等学校体育教育本科专业课程方案》。该方案的培养目标为：培养面向现代化、面向世界、面向未来，适应我国社会主义现代化建设和基础教育改革与发展的实际需要，德智体美全面发展，专业基础雄厚，具有现代教育观念、良好的科学素养和职业道德以及具有创新精神和实践能力，能从事学校体育与健康的教学、训练、竞赛工作，并能从事学校体育科学研究工作、学校体育管理工作及社会体育指导等工作的多能一专体育教育专业复合型人才。2003 年的课程方案与 1997 年的课程方案相比，改革力度较大，增加了学校课程设置的自由度，主干课程领域化，必修课程学科化，限选课程模块化，任选课程小型化，充分体现了新世纪普通高校本科体育教育专业改革的时代特征，进一步深化了高等学校体育教育专业的改革，培养目标逐步拓宽，将培养“中等学校体育教师”的单一目标转变为培养“复合型体育教育人才”的目标，以使培养的体育教育人才能更好地适应素质教育需要。但是，也有学者认为 2003 年的课程方案偏离了专业的内涵，导致课程方案的关注点明显从“体育教师行业”转移至整个“体育行业领域”，其专业意蕴被弱化。① 也就是说，在一定程度上淡化了体育教师培养的师范性。

为了进一步深化高等学校体育教育专业的改革，加强课程建设，提高教学质量，更好地培养适应素质教育需要的体育教育人才，教育部于 2004 年印发了《普通高等学校体育教育本科专业各类主干课程教学指导纲要》，对主干课程的教学要求提出了指导性建议，不仅突出了优化必修课、加强限选课、规范任选课等原则，而且其课程设置强调基础教育通识化、主干课程领域化、必修课程学科化、限选课程模块化、任选课程小型化，加大各个学校课程设置的自由度，为培养“厚基础、宽口径、广适应、强能力、重素质、重创新”的复合型体育教育人才奠定坚实的基础。② 从宏观上对普通高等学校体育教育本科专业的课程设置起到指导性作用，有利于各院校从实际出发，充分利用教育资源，形成以主干课程为核心，符合现代复合型人才培养的课程体系。③ 2005 年 4 月，教育部印发了《关于进一步加强高等学校体育工作的意见》，促使体育师资培养更加科学、规范。

各类主干课程规定了课程目标、选编教学内容的依据、教学基本内容、教学基本要求、学习评价、教学基本条件等。其中表 3－6 所列内容为必修课。

---

① 唐炎．现行体育教育本科专业课程方案存在的问题与改进建议［J］．体育学刊，2014，21（2）：61－64．

② 杨贵仁．中国学校体育改革的理论与实践［M］．北京：高等教育出版社，2006：248．

③ 黄汉升，季克异．《普通高等学校体育教育本科专业各类主干课程教学指导纲要》解读［J］．体育学刊，2005，12（6）：1－5．

**表 3—6　2004 年普通高等学校体育教育本科专业主干课程**

| 各类教学主干课程类型 | 教学基本内容 |
|---|---|
| 体育人文社会学类 | 学校体育学、体育心理学、体育概论、体育教学论 |
| 运动人体科学类 | 人体形态结构与运动、人体生理功能与运动、人体运动与适应的生化基础、体育保健与健康 |
| 田径类 | 基础运动能力、田径主要技术、实用技能 |
| 体操类 | 体操、健美操 |
| 球类 | 篮球、排球、足球 |
| 武术类 | 徒手练习、器械练习 |

新中国成立以来不同历史时期的体育教育专业人才的培养目标也体现出强烈的时代特征。

“加强素质教育”的观念要求培养目标的全面性，培养模式的综合性，培养过程的协调性；“终身教育”观念的确立要求培养过程的阶段性、持续性和可发展性，并且要求教学内容的基础性、有效性；而“注重个性发展”的观念则要求培养模式的多样化和培养环境的宽松化。体育教育专业人才培养，逐渐由培养“专才”模式转向培养“通才”与“专才”相结合的“复合型人才”模式，以适应基础教育改革与发展需要，适应教师专业化需要，适应社会发展需要。

体育教学论学科（课程）是最能体现体育教育专业的支撑学科。2004 年，体育教学论被教育部定为普通高等学校体育教育本科专业主干课程，正式赋予体育教学论课程在体育教育专业课程方案中的地位。这是在总结我国几十年来体育学科建设经验的基础上，对原体育理论学科和学校体育学学科所做的重大改革和发展，力求满足我国学校体育教学的实际需要。全国各高等院校体育院系规范开设该门课程，表明作为教学论分支学科的体育教学论逐渐成熟，它的独立为指导体育课程与教学改革提供了坚实的理论基础，在促进体育教师专业化发展方面将发挥重要的作用。

### （四）体育课程改革丰富体育教学论的研究内涵

基础教育体育课程改革对体育教学论产生了巨大影响。在基础教育体育课程改革的过程中，出现了诸多亟待解决的新问题，而不断丰富的体育教学研究内容，也使研究视角更加多元化。“体质教育思想”“快乐体育”“技能体育”“健康第一”“终身体育”等多元体育教学思想研究，体育课程资源开发研究，体育教师专业化研究，体育与学生发展关系研究，体育教学方法的研究，等等。

新课程改革提出“一纲多本”是对全国范围的统一要求。《基础教育课程改革纲要》指出，“实行国家基本要求指导下的教材多样化的政策”，“为保障和促进课程适应不同地区、学校、学生的要求，实行国家、地方和学校三级课程管理”。“一纲多本”和“分级管理”实施后，很多概念需要研究者做出解释。开发课程资源是我国基础教育课程改革面临的新问题。有关体育课程内容资源开发，田菁出版了专著《体育课程内容资源开发研究》，就体育课程内容资源开发，体育课程内容资源开发的价值，体育课程资源开发的原则、途径、对策等进行了详细的论述。有关校本研究方面，董翠香、周登嵩研究了体育校本课程开发，董翠香出版专著《体育校本课程导论》。“一纲多本”的实施改变了过去“全国一本书和一刀切”的局面，把学生的需要和素质的提高作为课程编制的重要依据，同时也对具体实施体育教学的教师提出了更高的要求，教师不再是大纲的执行者，而是课程设计的参与者、知识技能的传授者、课程资源的开发者。体育教师如何适应新课改的要求，成为新的探讨话题。胡晓波、刘艳针对体育教师如何应对基础教育体育课程改革进行了探索；陈海波、毛立力就学校体育课程改革体育教师观念的转变、角色定位等进行了探讨；陈作松、季浏、董翠香针对新体育课程的实施对体育教师提出的新要求、体育教师角色的转变等进行了研究。新课程改革对体育教师提出更高的要求，体育教师教育如何适应基础教育体育课程改革，培养新时期的体育教师也引起了研究者们的关注。黄爱峰等针对新课程改革下体育教师教育存在的问题进行了分析；王健、邓宗其、黄爱峰从中国体育教师教育课程模式发展和教师教育培养课程改革反思了我国体育教师教育的人才培养。当今世界各国都把体育教学作为全面发展人的重要手段之一。近几年我国也开始重视体育教学与学生发展关系的研究，提出体育教学能促进学生的多方面发展。新一轮课程改革，在教法上提倡自主合作探究的学习方式。强调学生自主合作探究学习，并不是否定教师在教学中的指导作用，而是在学生学习的基础上，积极地提出建设性意见，成为学习活动的组织者和引导者。教师的教学是以学生为自己的伙伴，使学生能在自由和谐的气氛中进行学习活动和身体练习，密切了教师与学生的关系，形成了协作式的体育教学，对培养学生的个性能力和合作精神，促进学生的个体社会化和个体个性化起到了积极作用。

对体育教学指导思想、体育教学方法、体育课程资源开发、体育教学评价等内容的研究，不断丰富着体育教学论的内涵。同时，基础教育体育课程改革中不断出现的新问题，也需要得到理论上的解释。体育教学理论源于实践，同时也要得到实践的检验。

## 四、体育教学论学科创立时期的特征

有研究者指出确定一门学科的四个标准：一是一个研究领域

或教学科目；二是实践者感觉到有必要互相交流与沟通；三是建立正式的或非正式的组织；四是通过某种出版物在实践者中分享思想和知识。[①] 体育教学论学科是体育课程的基本依托，是体育课程得以存在的理论依据。体育教学论学科的建立，既要有符合一般学科确定的标准，还要具有一定的自身特征。

### （一）教学价值取向：体育教学论学科教学观的时代抉择

“教育是一种有目的培养人的社会活动，它的目的在于影响和促进人的发展，培养人的实践意识和实践能力。”[②] 体育学科性质一直被认为是体育教学论的前提问题，因为它关系着体育教学的基本定位、基本内容、基本任务。体育课程目标的变化直接或间接地体现了不同时代背景下社会发展对学校体育课程建设的要求。改革开放以来，对体育教学性质的认识不断深化，体育教学目标由“一个目的、三项基本任务”到“以育人为宗旨，促进学生身心全面发展”。“人的发展离不开社会的发展。人的发展与社会的发展是相互促进、辩证统一的关系。社会的发展为人的发展创造条件，人的发展推动社会的发展。人的价值在于为人类社会的发展进步作出贡献，所以我们主张用集体主义精神教育人。”[③] 以社会需求为目标，将传授知识与教学实践紧密结合起来，促进学生内化已学过的“学科”理论知识，扩大学生实践能力。从历年体育中小学教学大纲（课程标准）对体育课程性质的说明来看，我们对这一问题的认识有过曲折和反复，但对体育课程具有“工具”属性的特点的认识始终没有动摇，只是对“工

① 王长纯．学科教育学概论［M］．北京：首都师范大学出版社，2000：285.

② 王道俊，郭文安．教育学［M］．北京：人民教育出版社，2009：133.

③ 张承先．在教育指导思想上需要进一步明确的几个问题［M］//中国教育学会．教育的反思与探索．北京：人民教育出版社，1990：13.

具”本身及其地位的认识有所不同。

1. 倾向于“服务性”的“工具观”

1950年小学体育课程标准虽然明确了“工具观”，但它强调的是“以打好为人民、为国家的建设战斗而服务的体力基础”①。1956年中小学体育教学大纲也确定了其“工具”身份，强调小学体育教育的目的是培养儿童“为将来参加建设社会主义社会和保卫祖国做好准备”②，中学体育教育的目的是“培养学生成为全面发展的社会主义建设者和保卫者”③。1978年中小学体育教学大纲也确定了“为无产阶级政治服务”的“工具”身份，强调体育教学的重点是“结合体育教学特点，教育学生热爱党、热爱社会主义祖国，不断地提高为革命锻炼身体的自觉性”④。新中国成立后至改革开放前的体育教学大纲更多地体现了体育教学服务国家、社会的工具性价值。

2. 工具优先的“工具观”

1987年、1988年、1992年中学体育教学大纲虽仍强调“成为祖国社会主义的建设者和保卫者”⑤，但同时强调“为提高全民族的素质奠定基础”⑥。中学大纲虽然也强调“为无产阶级政治服务”的工具身份，但将其放在了“提高学生素质”之后。这

---

① 课程教材研究所. 20世纪中国中小学课程标准·教学大纲汇编：体育卷[M]. 北京：人民教育出版社，2001：32.

② 课程教材研究所. 20世纪中国中小学课程标准·教学大纲汇编：体育卷[M]. 北京：人民教育出版社，2001：37.

③ 课程教材研究所. 20世纪中国中小学课程标准·教学大纲汇编：体育卷[M]. 北京：人民教育出版社，2001：459.

④ 课程教材研究所. 20世纪中国中小学课程标准·教学大纲汇编：体育卷[M]. 北京：人民教育出版社，2001：91，554.

⑤ 课程教材研究所. 20世纪中国中小学课程标准·教学大纲汇编：体育卷[M]. 北京：人民教育出版社，2001：591，645.

⑥ 课程教材研究所. 20世纪中国中小学课程标准·教学大纲汇编：体育卷[M]. 北京：人民教育出版社，2001：115，158.

是人们对体育教学“工具”属性认识的深化，表明体育教学越来越回归本位，受到的外在干扰越来越少。

3. 作为“育人健身工具”的“工具观”

1996年全日制普通高级中学体育教学大纲强调“促进学生身心全面发展”“为终身体育奠定基础”①。2000年中小学体育与健康教学大纲强调“体育与健康课的教学以育人为宗旨”②。2001年体育与健康课程标准“以促进中小学生健康为主要目的”，突出了“坚持健康第一的指导思想，促进学生健康成长”“激发学生运动兴趣，培养学生终身体育的意识”“以学生发展为中心，重视学生的主体地位”“关注个体差异与不同需求，确保每一个学生受益”的课程理念。2011年体育与健康课程标准中依然强调“体育的育人功能”，课程目标除了强调“增进学生健康”，还将“培养学生终身体育意识和能力”作为主要目标。体育教学不再只注重掌握单个运动技术项目，开始重视对学生体育兴趣、健身意识及体育习惯的培养。体育教学在体现体育课的社会功能和价值的同时，越来越提倡关注人自身存在的价值，人的精神、价值需要，人性的完善。这些变化都表明，以学生身心健康发展为中心，关注学生个性发展，尊重学生对体育的情感、态度，关怀每一位学生，让学生在体育知识技能的学习中体验运动乐趣，从而引导学生对体育正确的价值认识，不断提高学生的体育素养。人们对体育教学“工具”本身的理解逐渐清晰、准确，突出了体育“工具”的育人功能。

从体育课程性质的另一方面看，体育教学呈现出从服务国家“建设”的工具，缺少对人的关怀，到“以学生发展为中心”“保

① 课程教材研究所. 20世纪中国中小学课程标准·教学大纲汇编：体育卷[M]. 北京：人民教育出版社，2001：741.

② 课程教材研究所. 20世纪中国中小学课程标准·教学大纲汇编：体育卷[M]. 北京：人民教育出版社，2001：353，790.

证每一位学生受益”的人本价值的转变，发挥体育增进全民族健康素质的重要作用。体育教学的理念，从“为无产阶级政治服务”的服务国家建设的理念，到“保证每一位学生受益”的服务个体的理念；在社会发展需要和体育发展需要中，从管制学生到服务学生。

### （二）学科教材出版：体育教学论学科构建的认识基础

“一个学科的学科内容（教学内容）及相关课程体系的构建水平，是学科建设与发展的核心标志。”[①] 教材是一门学科的知识体系。1985 年 6 月中国教育学会教学论专业委员会正式成立，确立了教学论学科的地位。作为分支学科的体育学科教学论发展较为滞后，一直停留在体育教材教法水平上。1996 年顾明远先生还在说：“师范院校有一门必修课，叫做教材教法。它是一门培养教师技能的专业课程，但历来不受重视”，因此，“把学科教材教法改造成为学科教学论是一次理论上的飞跃”。

我国基础教育实施的新课程变革，其新的课程理念、新的教材体系、新的评价观念，强烈地冲击着现有的师范教育体系。为满足学校体育教学对体育教师的需求，高校体育教育专业加快培养进程，早在 20 世纪 50 年代就在高等院校体育系（科）教学计划中规定了以学校体育理论为主要内容的体育理论课程。60 年代借鉴苏联的《体育理论》，编写出版了我们自己的体育理论教材。1981 年人民出版社出版《体育理论》。1982 年河南人民出版社出版了王占春等主编的《中学体育教学法》。王占春认为，“中学体育教学法，就是泛指体育教学的基本理论和方法。它的使命

---

① 王克勤，马建峰. 关于高师院校“学科教学论”发展的若干思考［J］. 教育研究，2004（2）：43—47.

是研究和揭示中学体育教学规律”。该书共十章：第一章至第六章分别论述了体育教学法的使命、目的任务、体育教学的基本原则、中学的体育教材和教法、中学体育课、体育教学工作计划和考核；后几章介绍了田径、体操、球类、武术的教法。《体育教材教法》主要是研究教材的学理，分析教材内容，探讨教材的教学设计，也包括很多单项运动项目课程中的内容，较具体地从技术原理方面来探讨各个教材的教学手段乃至教学步骤，成为实践性很强的体育教师教学实用“教学手册”。教材主要是围绕中小学体育课程的教学内容编写，有关体育教学的基本理论在前六章中有所呈现，但并不系统和全面，是不完整的体育教学理论，重在“怎样教技术”。

1983 年出版了“作为内部试用教材”的《体育理论试用教材》，尽管其在理论体系上还没有完全摆脱苏联体育理论的影响，但对于恢复体育教学秩序仍是必要的。随着学校体育研究成果的日益丰富，1983 年出版了第一本《学校体育学》专著。1986 年曲宗湖、罗映清等人主编的《几个国家学校体育的比较》，1999 年顾渊彦等人主编的《域外学校体育传真》和 2000 年曲宗湖、邹继豪等人主编的《面向 21 世纪中国学校体育》出版，这几本书介绍了国内外学校体育的改革和发展，开阔了人们的视野，启发了人们的思维。对国内体育教学进行研究探索的著作不断出现，1996 年毛振明出版《探索成功的体育教学》，1999 年出版《体育教学科学化探索》，2000 年周登嵩出版《学校体育教学探索》，2002 年邵伟德出版《学校体育学理论与教改探索》，2003 年胡映清出版《学校体育教学改革与发展研究》。这些教材的出版对体育教师的培养和推动学校体育工作发挥了重要作用。随着学校体育的改革和发展，介绍国外学校体育和学校体育教学比较研究的文章日渐增多，加速了各种体育教学模式、方法、手段的研究探索与改革，以及体育教学借鉴和学习教学论研究的理论成果，散见于《体育理论》《学校体育学》中的有关体育教学的理论已不能满足广大体育教师的需求。

1988年，王伯英、曲宗湖系统总结了近40年来体育教学的经验，出版了的我国第一本《体育教学论》专著。王伯英、曲宗湖认为："体育教学论是教育科学中的分科教学法之一，它是以学校体育教学这一特定的教育活动为研究对象，其目的在于揭示学校体育教学的规律，探讨和阐明体育教学的本质、过程、原则、内容、方法和组织，以指导体育教学实践，提高教学质量。"从其内容可以看出，体育教学在一定程度上已形成了独立的理论体系①，为体育教学论学科的诞生打下了基础。体育教学论学科进入一个新时代，是我国体育学科教学理论的一次飞跃。

体育教学论主要是研究体育教学的现象、基本因素、本质及其内在规律，1988年出版的第一本《体育教学论》开始从宏观上整体把握体育教学过程的一般原理和规律。体育教学论专题性教材自1988年出版第一部后，1991—2006年于长镇、樊临虎、夏思永、史兵相继出版《体育教学论》，2002年张学忠出版《学校体育教学论》，2004年龚正伟出版《体育教学论》，2005年季浏出版《体育课程与教学论》，2005年毛振明出版《体育教学论》，此后张志勇、卢竞荣等又相继出版十多部教材（见表3-7）。"随着新世纪初全国体育院校体育教育专业培养方案的重新修订，专业课程体系发生新的分化与整合；不少院校新开了体育教学论等专业模块课程，急切需要开发编写新的专题性教材。因此，众多版本的体育教学论应运而生，为新世纪体育院校人才的培养起到了积极作用。"② 基础教育教学改革推动了体育

---

① 王伯英，曲宗湖. 体育教学论［M］. 成都：四川教育出版社，1988：1.

② 周登嵩. 近三十年我国学校体育科研成果述评［J］. 中国学校体育，2009(10)：8-10.

教学论的独立研究，推动学科体育教学研究进入一个自觉时代。

表 3-7 体育教学论教材出版概况

| 序号 | 著作名称 | 责任者 | 出版年份 | 出版机构 |
|---|---|---|---|---|
| 1 | 体育教学论 | 王伯英、曲宗湖 | 1988 | 四川教育出版社 |
| 2 | 小学体育教学论 | 王世伟 | 1990 | 光明日报出版社 |
| 3 | 体育教学论 | 于长镇 | 1991 | 大连海运学院出版社 |
| 4 | 现代教学论与体育教学 | 吴志超等 | 1993 | 人民教育出版社 |
| 5 | 体育教学论体育方法学中学体育教材教法 | 王文生等 | 2000 | 广西师范大学出版社 |
| 6 | 学校体育教学论 | 张学忠 | 2002 | 人民体育出版社 |
| 7 | 体育教学论 | 樊临虎 | 2002 | 人民体育出版社 |
| 8 | 体育教学论 | 夏思永 | 2002 | 西南师范大学出版社 |
| 9 | 体育教学论 | 龚正伟 | 2004 | 北京体育大学出版社 |
| 10 | 体育教学论 | 张志勇 | 2004 | 科学出版社 |
| 11 | 体育教学论 | 毛振明 | 2005 | 高等教育出版社 |
| 12 | 体育课程与教学论 | 季浏 | 2005 | 广西师范大学出版社 |
| 13 | 体育课程与教学论 | 吴海宽、刘笙 | 2005 | 东北师范大学出版社 |
| 14 | 体育教学论学程 | 姚蕾 | 2005 | 北京体育大学出版社 |
| 15 | 体育教学论 | 李卫东 | 2006 | 哈尔滨地图出版社 |
| 16 | 体育教学论 | 史兵 | 2006 | 陕西师范大学出版社 |
| 17 | 现代体育课程教学论 | 黄超文等 | 2006 | 湖南科学技术出版社 |
| 18 | 新编体育教学论 | 邓星华、谭华 | 2008 | 华东师范大学出版社 |

续表3—7

| 序号 | 著作名称 | 责任者 | 出版年份 | 出版机构 |
|---|---|---|---|---|
| 19 | 现代体育教学论 | 龚坚 | 2009 | 西南师范大学出版社 |
| 20 | 体育教学论（第二版） | 毛振明 | 2011 | 高等教育出版社 |
| 21 | 体育课程与教学论 | 张细谦 | 2013 | 广东高等教育出版社 |
| 22 | 体育教学论 | 卢竞荣 | 2016 | 人民体育出版社 |

体育教学论作为一个新兴学科，发展至今已经产生了 22 部教材，进一步加强了体育教学论学科的建设，奠定了独立的学科地位，形成了以规范性为主的问题领域。仅从表 3－7 的统计我们可以看出：从 1988 年至今，体育教学论教材的出版数量呈现持续上升趋势。新课程改革以前，仅出版 4 部体育教学论教材。新课程改革以后，大量研究成果产生，特别是 2004 年体育教学论被教育部定为普通高等学校体育教育本科专业主干课程，正式赋予体育教学论课程在体育教育专业课程方案中的地位。加之基础教育体育教学变革，体育教学研究成为热点，新的研究成果不断丰富着体育教学论的内涵。总而言之，体育教学论教材有以下几个特点。

1. 体育教学论教材体系的共同点

体育教学论内容不断更新，体育教学论教材不断推陈出新，与时俱进，教材结构不断更新着表现形式，形成了体育教学论开放的学科体系。现有的这些教材基本上按照总论—分论—专论的内容体系进行编写。总论部分是体育教学论小史，体育教学的诸要素，学习体育教学论的意义和要点。分论包括体育教学目标、体育教学过程、体育教学内容、体育教学原则、体育教学方法、体育教学模式、体育教学评价等。专论部分有的教材没有设置，就合并在分论部分，主要包括体育学习者与体育课堂学习、体育课程资源的开发与利用、体育与健康课程标准、体育教学艺术与风格、体育教授专业发展等。在体育师资培养中，学生通过对体育教学论理论内容的学习，可以掌握体育教学的基本含义，能统一地理解和运用各种概念和术语。

2. 体育教学论教材章节的内容分布

我国学者开始自觉地建构体育教学论学科的独立体系，而且在结构上表现出多样化。在开始的编写中模仿的成分较多，在不断学习西方教学论的基础上，结合我国体育教学实际，有变通和创新，教材多样化也表现突出。

由表 3-7 可见，虽然这些教材出自不同作者，出版时间不同，教材内容体系庞杂，但是主要章节在教材中的分布趋势相对一致（见表 3-8），如体育教学目标、体育教学内容、体育教学方法、体育教学原则、体育教学过程、体育教学主体、体育教学模式、体育教学评价、体育教学设计、体育教学组织形式、体育教学研究等。这一点从我国高师院校体育专业使用最广泛的毛振明教授主编的高等学校教材《体育教学论》（2011 年第二版）的内容分布得到印证。只是各教材在取舍上不同，有的不包含全部问题，有的则增加另外一些问题，对各个问题的具体研究内容也有差别。体育教材内容不断更新，编写者试图利用体育教学研究和体育教学改革的新成果来丰富体育教学论的学科体系。

**表 3-8　教材各章节内容分布**

| 教材内容设置 | 涉及教科书种数 | 教材内容设置 | 涉及教科书种数 |
|---|---|---|---|
| 绪论 | 14 | 体育课的负荷量 | 1 |
| 体育教学目标 | 13 | 学习动作技能和发展体能 | 1 |
| 体育教学内容 | 12 | 体育教学的功能 | 3 |

续表3－8

| 教材内容设置 | 涉及教科书种数 | 教材内容设置 | 涉及教科书种数 |
|---|---|---|---|
| 体育教学主体（教师、学生） | 10 | 学生自学、自练的方法 | 1 |
| 体育教学过程 | 14 | 体育教学技能与训练 | 1 |
| 体育教学方法 | 18 | 学生身心发展的特点与体育教学 | 1 |
| 体育教学原则 | 8 | 体育教学论与其他学科的关系 | 1 |
| 体育教学模式 | 10 | 体育教学思想 | 1 |
| 体育教学评价 | 16 | 体育与健康课程标准 | 1 |
| 体育教学设计 | 7 | 体育课程知识与体育课程编制 | 1 |
| 体育课程资源开发 | 2 | 体育课程与教学论的学科基础 | 2 |
| 体育教学组织形式 | 10 | 体育教学媒体 | 1 |
| 体育教学环境 | 4 | 体育教学的基本原理 | 2 |
| 体育课 | 4 | 体育课程的社会背景 | 1 |
| 体育学习 | 6 | 教学与发展 | 2 |
| 体育教学艺术与风格 | 4 | 教学最优化 | 1 |
| 体育教学研究 | 8 | 国内外体育教学的发展趋势 | 1 |
| 体育课程论 | 4 | 体育课程实施 | 1 |
| 体育教学系统 | 5 | 体育教师专业发展 | 1 |
| 体育课堂教学 | 5 | | |

（1）体育教学研究章节的设置及意义

2002 年樊临虎主编的《体育教学论》是我国最早在体育教

学论教材中独立设置“体育教学研究”章节的教材。因为“作为一名体育教师，不仅应把握体育教学的规律，懂得体育教学的方法和原理，还需要掌握开展体育教学研究的基本理论与方法”①。内容涉及体育教学研究的程序、体育教学研究的选题、体育教学研究常用的研究方法等。龚正伟、毛振明、张志勇主编的《体育教学论》，姚蕾主编的《体育教学论学程》，龚坚编著的《现代体育教学论》分主题对体育教学研究进行了阐述，他们都认识到体育教学研究的重要性，但在章节中关于如何进行体育教学研究的论述都不深入。这些内容宜在体育科研方法中细讲，在体育教学论中只需提及体育教学研究的主要内容即可。毛振明主编的《体育教学论》就将其列为拓展内容，相比第一版做出了更好的调整。

（2）体育课程论章节的设置及意义

张志勇主编的《体育教学论》的体育课程论各章节中涉及体育课程内容编制、课程标准制定、课程资源开发；邓星华专章论述体育课程知识与体育课程编制，内容包括体育知识、体育课程编制、三级课程管理以及体育课程改革与体育教师角色的转变；史兵主编的《体育教学论》涉及“体育与健康”课程标准章节，解读了“体育与健康”课程标准制定的背景、理念、性质、作用、特点、三级课程管理等内容；黄超文等主编的《现代体育课程教学论》、张细谦主编的《体育课程与教学论》涉及体育课程与教学资源章节，论述了课程资源的开发与利用以及方法，这些都是新课程改革的主要内容。在各级学校实施的新的体育课程标准，体育教学内容已不再是由专家确定、行政部门颁布，而是由地方、学校乃至体育教师来编制和选择，体育教师要直接面对并解决的问题，从过去的“怎样教学”这一教学问题逐步变成了对

① 樊临虎．体育教学论［M］．北京：人民体育出版社，2002：298．

“教学什么”这一课程问题的研究。

（3）体育教师专业发展章节的设置及意义

张细谦在其主编的《体育课程与教学论》最后一章论述了体育教师专业发展的意义、内涵，新课程与体育教师的角色定位以及体育教师专业发展的途径；史兵专章论述了体育与健康教师的新定位，教师的素养，教师的继续教育；季浏论述了体育课程中教师角色及师生关系，新课程中体育教师教学行为特征及新课程与教师发展。体育教师专业化不仅是基础教育体育教育课程改革的要求，更是我国体育教育改革和发展的第一要素，教师培养和培训的根本目的就是促进体育教师自身专业化水平的持续提高。

（4）体育教学艺术与风格章节的设置及意义

夏思永在其主编的《体育教学论》最后一章论述了体育教学的艺术与风格。教学艺术包括导入的艺术、结课的艺术、语言运用的艺术、衔接的艺术、组织教学的艺术等。教学艺术是“教师学识和智慧的结晶，是教师创造性地运用教学方式、方法的升华”，“教学风格是教学艺术的个性化表现，是教学艺术与教师个性特征的有机结合，是教学艺术走向成熟的标志”。① 体育教学艺术也体现了新课改对体育教师提出的更高要求：体育教师要成为学生学习的指导者、引导者，要充分发挥主观能动性，要以独特的教学风格吸引学生，才能寓教于乐。

（5）体育学习章节的设置及意义

体育教学论是研究“教”与“学”的理论，不仅涉及“教论”，还应涉及“学论”。龚坚编著的《现代体育教学论》、黄超文等主编的《现代体育课程教学论》、张细谦主编的《体育课程与教学论》、季浏主编的《体育课程与教学论》，论述了体育学习过程的特征与体育学习策略；邓星华主编的《新编体育教学论》

① 夏思永．体育教学论［M］．重庆：西南师范大学出版社，2002：193.

在第二章运用心理学的研究成果专章论述了中小学体育学习者在不同学段的体育认知、情感特征等身心特点与体育课堂学习的关系；史兵主编的《体育教学论》专章论述“体育与健康”课程学习，论述了体育学习的过程、原则、特性、方法。学生是教学的主体，是具有独立个体的社会人。研究“学论”体现了体育新课程改革中，“以学生发展为中心，帮助学生学会体育与健康学习”“关注个体差异，保证每一位学生受益”的体育课程基本理念。

总之，国内外科学课程改革和教学改革的发展与变革，必然会对分科的体育教学论课程的发展产生不可忽视的影响，要从学科的长远发展着眼，冷静慎重地看待体育教学论教材内容体系的变化，任何章节的添加与删除必然有其缘由，而吸纳还是摒弃，是全部概述还是重点详解，取决于教材编写者对体育教学论教材价值观的认识。所以，不仅要重塑教材价值观，也要重塑教材的评价观念，才能保证教材的科学发展。

3. 体育教学论教材中存在的问题

体育教学论是对体育教学的规律性知识的归纳。这一时期，蓬勃开展的基础教育体育课程改革，为体育教学论学科的发展搭建了良好的实践平台，体育教学研究视野不断拓宽，研究成果不断丰富体育教学论的内涵，学界力图构建学科的理论体系。“体育教学论是分科教学论的组成部分，是研究和说明体育教学现象、基本要素、本质以及内在规律的一门科学和学科，其研究的内容有体育教学中的学生、教师、目标、内容、过程、环境、方法、评价以及它们之间的相互关系。”① 作为教学论分支学科的体育教学论，“不仅起到传承学科专业知识的作用，更为重要的是，它还可以通过学科专业知识的教学，培养学科专业人才，推

① 毛振明. 体育教学论［M］. 第二版. 北京：高等教育出版社，2011：8.

动学科专业的发展"①。"教师自身的理论素养和实践能力是决定课程与教学改革成败的关键……它既要求师范院校在现有的培养过程中融入新课程理念，使未来的教师能够了解新课程、理解新课程，又要求一线教师更新教育观念，改进教学方式、教学行为和教学手段，重新认识和确立自己的角色，改变课堂专业生活方式，提升课程意识，提高教师专业化水平。"② 这些研究对体育教学论学科建设以及体育课程与教学改革有一定的影响。

教材不断推陈出新，体育教学论理论体系不断丰富和完善，对"未来教师应具有什么样的素质"这个问题的不同理解，使得在教材内容的取舍上会做出不同的选择，努力凸显教材的特点。但是，就总体而言，体育教学论教材对体育学科特殊矛盾和规律普遍反映不足，体育教学论给予体育教师的理论支持不够，体育教师通过体育教学论的学习无法提高自己的执教能力，使得体育教学在实际操作过程中无法有效开展。③

"体育课程改革非但瓦解了传统的体育课程模式，也阻断了体育教师对传统体育课程模式的依赖，对未来体育教学的课程设置、教材选编、教学进度、教学评估均须自行研拟。"④ "体育课程的地位提高，为广大体育教师增加了进一步搞好课程改革的压力和动力。"⑤ "新课程倡导一种课程共建的文化，需要体育教师重新认识自己的角色"，"体育教师将随着课程所建立的学习方式

① 王克勤，马建峰. 关于高师院校"学科教学论"发展的若干思考［J］. 教育研究，2004（2）：43－47.

② 史兵. 体育教学论［M］. 西安：陕西师范大学出版社，2006：（序）1.

③ 王德慧. 体育教学论内容体系优化与完善［D］. 重庆：西南大学，2009：14－15.

④ 徐雄杰，曾妮，纪进. 多元文化教育理念与学校体育改革［J］. 武汉体育学院学报，2004，38（1）：27－28.

⑤ 周登嵩. 新世纪我国学校体育改革与发展研究综览［J］. 首都体育学院学报，2005，17（3）：1－7.

的改变而重新建立自己的教学方式”。[①]基础教育体育课程改革的实施对体育教师提出了新要求，体育教师必须更新教育观念，树立新的教学观、学生观，转变体育教师角色，以适应教育改革的新形式。

体育教师原有的“依从性”文化思维方式、“授受型”教学行为方式、“知识传授者”的角色、单一的知识结构等都面临失衡的状态，体育教师需要重新构建“以学生发展为本”的教育价值理念、自主的文化思维方式、多样化的教学行为方式、多元化的职业角色以及综合化的知识与能力结构等，以适应新世纪基础教育体育课程改革的需要。[②]

2011年教育部颁布《教师教育课程标准（试行）》，2012年教育部颁布幼儿园和中小学教师专业标准，为体育教师教育指明了发展方向。当前教育变革被看作是实现教师发展的重要条件和契机。教师既是执行变革的力量，又是变革的对象；教师不仅要成就变革，教师发展本身也是教育变革基本的、内在的目标。[③]先行的基础教育课程改革催生体育高等教育的改革，高师体育教育面临巨大挑战。作为体育教师教育课程的体育教学论，需要加强对职前体育教师的教育专业训练，以适应基础教育体育教学的需要，构建具有体育学科特色的体育教学论。体育教学论学科建设也进入了快速发展时期。体育教学论这一门亟待发展的新学科，应根据时代的要求和新的历史使命进行理论创新，以满足社会发展和体育教学论学科自身发展的需求。

---

① 邵伟德. 体育教学心理学［M］. 北京：北京体育大学出版社，2003：173－174.

② 刘昕，胡月英，张荣. 建国以来我国基础教育体育教师文化的历史变迁［J］. 北京体育大学学报，2012，35（5）：78－81.

③ 吴黛舒. 教育变革中的教师发展问题［J］. 教育发展研究，2009（10）：58－61.

### （三）研究机构成立：体育教学论学科建设的组织基础

一门学科的成长，同相关学术期刊息息相关，学科的建设与发展是学术期刊的基础与生命，而学术期刊是哺育学科的苗圃与摇篮。[①] 1980 年 12 月 15 日，中国体育科学学会成立大会在北京召开。大会的宗旨是团结和组织广大科技工作者，倡导献身、创新、求实、协作的科学精神，严格遵守国家法律和社会道德风尚，广泛开展体育科技活动，促进体育科技事业的发展和体育科技人才的成长，为增强人民体质、提高运动技术水平服务。它是体育科学技术工作者的学术性团体。同时成立的二级学会体育科学理论学会负责有关学校体育工作的研究。1981 年 9 月，由教育部和国家体委联合主办，北京体育学院承办的《学校体育》正式创刊发行。1983 年《体育文史》杂志创刊。1992 年 7 月，《学校体育》正式更名为《中国学校体育》。截至 2008 年，我国共有体育类专业期刊 137 种，其中有 50 余种学术类科技期刊（核心期刊 13 种）。这些期刊专门开辟“体育教育教学”栏目。[②] 这些学会的成立、杂志的创办“为国内学校体育理论专家对体育课程中有关问题进行讨论提供了舞台”[③]，极大地活跃了体育教学研究活动，为学校体育科研成果的发表提供了平台，促进了学校体育科学研究的发展。

1985 年，中共中央颁布《关于教育体制改革的决定》，教育

---

① 刘则渊．推进科学学的学科建设与前沿研究——为《科学学与科学技术管理》杂志创刊 25 周年而作［J］．科学学与科学技术管理，2005（5）：18.

② 向静文，吴键．科研领航：学校体育科学研究［C］//教育部体育卫生与艺术教育司．中国学校体育 30 年．北京：高等教育出版社，2010：164.

③ 雷震，龙佳怀．改革开放以来我国学校体育的发展［J］．体育文化导刊，2009（9）：75—78.

改革开启了新的篇章。教学论学科在引进、借鉴、实践中发展。1981年教学论成为我国教育学一门独立的二级学科。1985年6月教学论专业委员会成立，确立了教学论的学科地位。部分学校如北京师范大学、华东师范大学、西南师范大学、华中师范大学、西北师范大学等开始招收教学论专业的硕士研究生和博士研究生。① 为提高我国学科教学水平，1987年国务院学位委员会规定将“教材教法研究”改名为“学科教学论”。作为分支学科的体育教学论还停留在教材教法水平上，没有完全建立。

1986年12月，中国教育学会体育研究会和中国高等教育学会体育研究会同时在福建厦门成立，它们分别是研究中小学（含中等师范学校）体育（含卫生保健、传统体育）的全国性群众学术团体和研究高等学校体育的群众性学术团体。同时召开全国学校体育学术论文报告会。这是当时我国学校体育理论界规模最大的一次学术活动，其学术成果对我国学校体育理论与实践的发展起到了积极的推动作用。研究会定期举行全国性的学校体育论文报告会。1987年1月23日，中国体育科学学会学校体育分会正式成立，在中国体育科学学会的领导下开展学校体育研究工作，其后更名为“学校体育专业委员会”，现更名为“中国体育科学学会学校体育分会”。这些学术团体、研究机构的成立促进了院校之间教学、训练、群体工作的交流，为体育教学研究搭建了良好的学术交流平台，成为组织开展体育教学研究活动的中坚力量；也为体育教学论学科建设提供了组织基础。

20世纪90年代，学科教学质量备受关注，随着教育学的学科调整，开始了“学科课程教学论”的独立研究。国家教委为了加强学校体育卫生科学研究工作，于1991年底成立了中央教科

① 王嘉毅. 从移植到创新——改革开放30年来我国教学论学科的发展［J］. 教育研究，2009（1）：25－30.

所学校体育卫生研究中心，其业务工作由国家教委体育卫生司和中央教科所双重领导。高等教育学会体育研究会针对各院校培养目标不同的状况，组织了全国性的“体育师资培训大讨论”，主要观点有：掌握主要运动项目对人体影响方面的知识及主要运动项目的技术技能；掌握较为系统的体育与教育学科理论知识；培养良好的思想品德、职业道德、学校体育工作能力。[①] 1990 年 3 月12 日，国家教育委员会、国家体育运动委员会颁布实施《中华人民共和国学校体育工作条例》。该条例规定“各级教育行政部门和学校应当有计划地安排体育教师进修培训”。1995 年颁布实施的《教师资格条例》为体育教师教育提供了法律保障。1996 年的第 5 次全国师范教育工作会议，标志着我国教师教育从主要追求数量向追求质量转变。1997 年在上海师范大学举办了首届全国体育教育专业学生基本功大赛，明确新时期体育教育人才的培养规格，突出体育教师和师资队伍建设的特色，以促进职前体育教师质量的提高。

2001 年，国务院颁发《关于基础教育改革与发展的决定》，要求加快构建符合素质教育要求的基础教育课程体系。为了贯彻中央关于深化教育改革的精神，教育部启动了新一轮的基础教育课程改革。新一轮的体育课程改革对体育教研工作提出了新的要求。中国学校体育科学大会自 2001 年举行第一届大会，以后每两年举行一次。提交学校体育科学大会的论文从多种角度展现了全国体育教师和其他学校体育工作者在贯彻“健康第一”指导思想，深化学校体育改革实践中所取得的研究成果，集中反映了我国学校体育教学的科研水平。他们结合新形势，从理论、实践以及理论和实践的结合上分析遇到的各种问题，明确改革方向，有力地推动了体育教学研究的发展。为适应基础教育体育课程改革

---

① 蔡宝来. 体育教师新论 [M]. 北京：人民教育出版社，2006：27.

需要，加强教研工作和教研队伍建设，中国教育学会体育专业委员会于 2004 年 5 月成立了中小学体育教学研究的工作部，积极团结和组织全国中小学体育教研员和广大体育教师开展体育教学研究[①]，充分发挥教学研究的指导和服务功能，开展教学研究工作，促进了体育课程和教学改革的健康发展。

这些研究机构积极开展各种科学研究和学术交流活动，成为组织开展体育教学研究活动的中坚力量，有力地推动了体育教学改革与研究，对于加快体育教学成果的推广，促进学校体育教学研究起到了重要作用。

### （四）高层次人才培养：体育教学论学科发展的人力保证

学科建设在某种程度上说，是学科研究与学科人才培养的制度化过程。“专业教育就应有支撑专业存在的学科和课程，以体现培养专门人才的特性。”没有高水平的学科，就培养不出高质量的学科人才，也就产生不出高质量的学科研究成果。

体育教学论注重体育教学过程基本规律和特点的探索，以及教学法的理论探索。体育教学论是最能体现体育教育专业特征的支撑学科（课程）。学科制度化是体育教学论学科持续规范化发展的保证。高层次人才的培养既是学科发展的重要标志，也是学科持续发展的重要保证。改革开放后，我国恢复了学位制度，为高层次人才培养提供了条件。教学论硕士、博士培养单位也从无到有，从少到多。

1. 我国体育学研究生教育的发展

我国的体育学学科建设始于 1980 年。1980 年 2 月 12 日，

---

① 侯海燕，张健. 我国中小学体育教学研究的演变及其经验［J］. 体育文化导刊，2013 (8)：94—97.

国务院颁布《中华人民共和国学位条例》，并批准成立国务院学位委员会，开始实行学位制度。体育学毕业生所授学位为教育学学位。1980 年国家体委下发了《关于体育学院的任务、系科设置、专业设置和修业年限的意见》。1981 年 1 月 2 日，下发了《关于下达北京等六所体育院校的任务、规模、专业设置、系科设置、修业年限和培养目标的通知》，根据学校的各种条件，对全国体育院校、系科在人才培养规格和专业设置上分出了层次。这样有利于各体育院校、系科明确任务，突出特色，形成优势，培养出适应体育事业发展的多层次、多规格的优秀人才。

1981 年 1 月 1 日，《中华人民共和国学位条例》施行。《中华人民共和国学位条例》是我国改革开放初期一部有关学位和研究生教育的教育法令，它的颁布和实施，表明我国研究生教育从此迈向了法制化轨道。体育专业研究生教育也开始走上健康发展道路。1985 年，我国体育院校研究生招生人数达到 119 人。同年，我国在硕士研究生招生的基础上，设立了首批体育学博士学位授权单位和授予点，北京体育大学的运动生理学专业、体育教学理论与方法专业和上海体育学院体育理论专业成为三个博士学位授权专业①，标志着我国体育学博士研究生培养体系的初步建立。硕士、博士研究生的研究方向有体育理论、体育教学理论与实践、体育教学理论与方法、体育史、体育管理学、体育心理学、运动医学等。

1990 年 10 月，国务院学位委员会和国家教育委员会联合下发《授予博士、硕士学位和培养研究生的学科、专业目录》，加速了体育学博士和硕士研究生的培养进程。改革开放后，体育学科建设经历了从无到有，从二级学科发展成为一级学科的发展历

① 南仲喜. 我国体育学研究生培养现状及教育改革对策研究 [J]. 西安体育学院学报，1997，14 (4)：21—26.

程。截至2009年，体育学在硕士、博士研究生招生院校、学位点数量、一级学科博士学位授权点等学科建设方面取得较好成绩（见表3-9）。越来越多的综合性大学和师范类大学设置体育专业，培养体育专业高层次人才。

**表3-9　我国体育学博士点、硕士点分布情况**

| | | 体育人文社会学 | 运动人体科学 | 体育教育训练学 | 民族传统体育学 |
|---|---|---|---|---|---|
| 体育院校 | 博士点 | 2 | 2 | 3 | 2 |
| | 硕士点 | 14 | 13 | 14 | 11 |
| 师范学校 | 博士点 | 6 | 2 | 6 | 1 |
| | 硕士点 | 28 | 18 | 38 | 18 |
| 综合学校 | 博士点 | 1 | 0 | 4 | 0 |
| | 硕士点 | 27 | 13 | 51 | 14 |

资料来源：根据我国2009年体育学硕士研究生专业目录和各体育学博士研究生招生单位招生专业目录整理。

2. 我国体育教学论研究生教育的发展

“教学论”图书文献和期刊文献数量快速增长的一个重要原因，是培养研究生学科、专业目录中设置了“教学论”类学科、专业。1983年3月，国务院学位委员会公布《高等学校和科研机构授予博士和硕士学位的学科、专业目录（试行草案）》，在“教育学”学科门类的“教育学”一级学科中，设有“教学论”“教材教法研究”两个二级学科、专业。1990年10月，国务院学位委员会和国家教育委员会联合下发《授予博士、硕士学位和培养研究生的学科、专业目录》，相应的两个二级学科、专业为“教学论”“学科教学论”。1997年，经过修订的《授予博士、硕士学位和培养研究生的学科、专业目录》将相应的两个二级学科、专业合并为“课程与教学论”。

2000年起，南京师范大学开始招收课程教学论（体育）硕士研究生。2001年起，开始招收课程教学论（体育）博士研究生。我国体育学研究生教育发展迅速，规模不断扩大，质量不断提高，培养了一大批高素质的体育专门人才，大大增强了我国体育科研队伍的总体实力。2005年，我国设立体育硕士专业学位。教育硕士这一我国研究生教育的新生事物，以其社会需求迫切、规模扩大有保障、职业性和实践性特色鲜明为高等师范院校保持自身优势和特色，渡过发展危机提供了巨大空间。它使得学科教学论的学科地位向高层次人才培养提升。① 扩大规模培养教育硕士专业学位研究生带动了专业队伍的发展，为我国体育学研究生的培养开辟了新的渠道。体育教学论学科高层次人才的培养，提升了体育教学论学科研究的层次和深度，推动了体育教学论学科的发展。每年毕业的新生力量，相当一部分都充实到教学论的研究队伍中，大大增强了教学论专业的研究力量，促进了学科的发展。

总之，体育教学论学科逐步形成了本科、研究生等各层次的人才培养制度，逐渐建立起规范的学术制度，体育教育研究机构的成立、体育刊物的创办等促进了体育教学研究。这充分显示了体育教学论学科正在逐步建立并朝着规范化方向发展。

① 杨启亮. 高等师范教育发展中的学科教学论 [J]. 南京师大学报（社会科学版），2002 (2)：59－62.

# 第四章 体育教学论学科发展演进的历史经验

一门学科的产生和发展，往往都是为了满足和回应现实的认知需求，体育教学论同样也被寄予厚望。良好的体育教学秩序为基础教育体育课程与教学改革探索提供了物质基础，基础教育体育教学改革的探索推进了高等学校体育教育专业的发展，体育教育专业的发展加快了体育教学论学科的创立。以学校体育教学的开展促进高等学校体育教育专业的发展和体育教育专业的发展推动体育教学论学科的创立为线索，可以厘清体育教学论学科发展的过程和脉络。回顾体育教学论学科发展演进过程，在不同时代背景和社会环境下，渗透着当时社会、经济、政治、文化等的要求，表现出一些不同的特色，又在发展过程中反映出未来社会发展需求的进步因素。

## 一、学校体育教学社会教化的时代性与动态性

教学永远具有教育性，这是教学论中的一个基本假设。体育教学过程也绝不是一个价值中立的过程。体育自产生起，就具有社会教化和培养人的双重任务。社会需要体育教育对学生的教化，学校通过体育的规训将学生训练成于社会有用的人。每个时代国家教化需求的改变是基于国家体育定位。体育教学的目的随

着国家、社会对学校体育功能定位的需要而变化，随着体育教学改革而变化，这是体育教学论发展的必然规律。

鸦片战争后，中国的大门被打开，国人在西方的坚船利炮下开始了反思，当时社会的主流思想是救亡图存，实现独立自主，树立民族尊严，强烈的爱国热情促使国民开展了积极的社会运动。清末的兵式体操正是在内外交困的情形下被引入的，它肩负着强国强种的重任。以军国民教育为指导思想的体操科，凸显的是统治阶级“救亡图存”的需要。辛亥革命后，仍沿袭清末的普通体操和兵式体操。首任教育总长蔡元培在其《学校应提倡体育》一文中曾说：“中国教育应重尚武，不但为保卫国家计，亦为强身健体计。”“余之主张，各学校应一律提倡体育，国民身体既强，临时授以‘军事知识’，亦可执干戈以卫国家。此则余对于教育前途之意见也。”[①] 体操科由军队引入学校，兵操、体操对训练国民体魄具有强烈的现实意义。清政府力图通过兵式体操的学习，强壮国民体魄，培养国民的军人精神，加强军事训练和体育教育，达到全民皆兵的效果。军国民体育以爱国激情为立论基础，突出了保国保种、振兴国势、挽救民族危难的忧患意识。体育教学重视的是社会本位的教育价值取向，通过学校体育教学培养士兵需要的技能，培养尚武精神的军国民，以达到保卫国家、抵御外敌入侵的目的。不同阶级和不同人群在倡导军国民体育的时候，其目的和动机是不一样的，但不同时期的学校体育教学都带有鲜明的服务各阶级意图的工具理性色彩。

新中国成立初期，面对国际国内的复杂情况，当务之急是迅速解放全中国，巩固人民民主政权，快速恢复被破坏的国民经济，为下一阶段有计划的经济和国防建设创造充分条件。然而，

① 蔡元培．学校应提倡体育［C］//蔡元培全集：第四卷．北京：中华书局，1984：339.

长年的战争和生活贫困造成青少年健康状况和国民体质严重不良。国家希望提高国民身体素质，提出了体育为人民健康服务，为社会主义国防建设和经济建设服务。1949年，朱德在中华全国体育总会第一届代表大会上说："现在我们的体育事业，一定要为人民服务，要为国防和国民健康服务。"① 1954年中共中央在《关于加强人民体育运动工作的指示》中特别提出：改善人民的健康状况，增强人民体质，是党的一项重要的政治任务。在这一时期，学校体育教学目标是培养健康的国民。国民有健康的体魄，才能建设和保卫社会主义事业。新中国成立以来的体育教学是以社会需要为中心，以增强国防力量和培养"无产阶级"劳动后备力量为主导思想，以增强体质为中心的"身心二元论"思想的"身体教育"。这一思想的确立使得我国学校体育课程与教学的改革融入世界潮流之中，我国学校体育照搬苏联的"三基"体育，体育课程内容主要是为生产劳动、国防建设和保家卫国服务的，带有社会本位的特征，与时代特征形成高度统一。体育教学强调对学生进行共产主义教育，培养全面奋斗的社会主义建设者和保卫者，为政治服务的色彩较浓。

改革开放后，教育领域在"拨乱反正"中重回现代教育道路并探索前行，学校体育进入了蓬勃发展的新阶段。改革开放初期，"全面锻炼学生身体，增强学生体质"得到大家认可。随着"素质教育"的提出，21世纪开启了新课程改革。体育新课程改革突出了"健康第一"的指导思想，并通过确立学生主体地位和根据学生实际情况灵活选择教学方法、突出地方特色等途径予以保证。教学中对学生主体地位的关注逐渐得到重视，反映了"以学生为本"的核心价值，体育课程将不再只是作为技术性训练的

---

① 何东昌．中华人民共和国重要教育文献（1949年—1979年）［M］．海口：海南出版社，1998.

工具以促进学生健康的体质，而是旨在发挥体育与健康学科教育的综合功能。教育部体育卫生与艺术教育司司长王登峰说："体育绝不仅仅是发展速度、力量、柔韧和耐力，获得胜利和奖金，在一定程度上，更重要的是培养人自尊、诚实、纪律、承诺、责任、耐挫折、抗压力、领导能力、职业道德和团队合作的品质。"① 要落实素质教育的要求，促进学生身心全面和谐发展，将体育课程中习得的内容与生活实际相结合，以适应和满足生活需要，培养社会主义现代化建设需要的高素质劳动者。

学校体育在有选择地学习西方的过程中，主体意识逐渐增强，在不断的尝试和经验积累中，努力寻求一种适合自己的发展模式。一百多年来，我国体育教学在教化学生的过程中经历了具有尚武精神—服务国家的建设者—高素质社会公民的发展过程。学生在学校的体育学习是为其今后的发展服务的，是基于塑造人的角度来确定学校体育的授课内容，学校体育从关注体育教学"社会本位"的价值取向到关注学生个体需求的"以学生为本"的价值取向。

## 二、学校体育教学与体育教育专业的相依存性

体育在学校的开展推动着培养体育师资的体育教育专业的发展。1904 年，清政府颁布《奏定学堂章程》，将"体操科"列为正式课程，结束了中国封建学校教育中没有体育课程的历史。随着体操科在各级各类学校的开设，体育师资缺乏的问题摆在了面前。培养体育师资，满足各级各类学校的需求被提上议程。早期开办的体操专修科和短期培训班、师范学校或综合大学体育专修科（系）、基督教会体育学校等是我国近代比较规范的培养体育

① 王登峰. 强健体魄 健全人格——学校体育改革总体思路与路径［J］. 中国德育，2014（4）：17－22.

教师的专门机构，为体育资质的培养提供了平台，缓解了新式中小学对体育师资的需求。

新中国成立后，学校体育教学普遍实施，体育师资的短缺促使高等师范学校体育系科的数量增加，并成立了以培养体育教师为主的体育学院。1954年新中国开始了体育专业的研究生教育，办学逐渐走向规范化与系统化，为社会培养了大量合格的体育教育人才。“文化大革命”期间，学校取消体育课，高校体育教育处于瘫痪状态。这直接导致我国体育师资队伍出现青黄不接、后继乏人的不利局面。

改革开放后，学校体育走上正轨，各级学校体育教师处于严重匮乏状态。要保证体育教学的顺利实施，需要大量合格的体育教师。这促使以培养体育师资为主的高师院校和体育院校系科进行教育改革，对高校培养体育师资的任务、规模、专业设置、系科设置、修业年限和培养目标进行修订，以实现培养“一支数量足、质量合格、相对稳定的师资队伍”的教育改革目标，满足各级学校对体育教师的需求。从1989年起，全国每年有体育专业毕业生10000多人。全国还有近200所中等师范学校办有体育班，每年有毕业生6000人左右。社会对教师的数量需求已趋于饱和。[①] 而不同年龄的学生具有不同的生理特点和心理特点，学生需要能促进其身心发展的合格教师。学校体育教学对体育教师的需求也由数量转变为质量。为提高教师素质，加强教师队伍建设，1993年10月颁布《中华人民共和国教师法》（以下简称《教师法》）。1995年3月颁布《中华人民共和国教育法》（以下简称《教育法》）。《教育法》从法律的层面确认了教师资格制度。1995年12月，国务院又颁布《中华人民共和国教师资格条例》

---

① 周典明，郑沪娥. 我国体育院校体育教育专业改革与发展的研究［J］. 北京体育大学学报，2002，25（1）：95-96.

(以下简称《教师资格条例》)。这一系列举措初步确立了我国教师资格证书制度。当教师的资格成为一种制度，就对入职教师提出了基本要求。但是，《教师法》和《教师资格条例》都只是原则性地谈到教师教育制度，没有规定具体的教师教育制度内容。为确保教师队伍质量，2000年9月，教育部颁布《〈教师资格条例〉实施办法》。由于教师资格考试具体测试办法和标准由省级教育行政部门制定，各地考试标准不一，结果的公正性受到质疑。为统一规范教师教育教学活动，2012年教育部颁布了幼儿园、小学、中学教师专业标准，对教师的专业理想、专业知识、专业能力提出了明确要求。为进一步提高教师质量，完善教师的准入制度，建立全国教师资格考试制度，2013年教育部出台了《中小学教师资格考试暂行办法》和《中小学教师资格定期注册暂行办法》。这无疑是适应世界教师专业化发展潮流的一项新举措。2014年9月9日，习近平总书记同北京师范大学师生代表座谈时指出："教师重要，就在于教师的工作是塑造灵魂、塑造生命、塑造人的工作。一个人遇到好老师是人生的幸运，一个学校拥有好老师是学校的光荣，一个民族源源不断涌现出一批又一批好老师则是民族的希望。""要加强教师教育体系建设，加大对师范院校的支持力度，找准教师教育中存在的主要问题，寻求深化教师教育改革的突破口和着力点，不断提高教师培养培训的质量。"①习近平总书记的重要讲话从战略高度阐明了教师工作的重要性。为进一步贯彻落实习近平总书记关于教育的一系列重要讲话精神，推动教师教育综合改革，培养让党和人民满意的"四有"好教师，2014年12月教育部启动了卓越教师培养计划，旨在通过实施卓越教师培养计划，推动举办教师教育院校深化教师培养机

① 习近平．做党和人民满意的好老师——同北京师范大学师生代表座谈时的讲话［EB/OL］．http://politics.people.com.cn/n/2014/0910/c70731-25629093.html.

制、课程、教学、师资、质量评价等方面的综合改革，努力培养一大批有理想信念、有道德情操、有扎实学识、有仁爱之心的好教师。[①] 2015 年《中小学教师资格考试暂行办法》正式全面实施。“国考”的实施，是严把教师“入口关”，优化教师队伍的必然选择。教师职业经历了从兼职到专职，再到一个专业行业的过程。这些制度和政策的出台都是为了提高教师素质，加强教师队伍建设，促进教师职业的专业化发展。“大力提高教师培养质量成为我国教师教育改革发展最核心最紧迫的任务”，师范教育中对学生能力的培养要求势必要进行重新思考和调整。

基础教育改革和素质教育不断推进，中小学需要高质量的体育教师。高校体育教育专业要培养适应基础教育需要的能力强、素质高的未来体育教师，这迫使高校体育教育进行改革。在调研中小学需要什么样的体育教师，中小学体育教师应具有什么样的专业素养和能力，体育教师的角色特征以及知识结构等的基础上，使体育教师培养目标的制定更加严格规范，以教师专业标准作为培养依据，培养教师的专业化以实现教学的专业化；在培养方式上，加强与中小学基础教育的协作；在课程的设置上，加大教师教育类课程比重，重视对学生“教”的能力的培养，改变“体育教育专业的理论课和技术课，都是在传授知识和技能，忽视了对学生‘教’的能力的培养”[②] 的现象；在教学方式上，使体育教师教育在培养中小学体育师资中继续保持其优势地位，为中小学体育教育培养具有终身学习的态度和能力、具有专业发展潜力的合格体育教师。体育教师专业化发展推动着高校体育教育改革的持续推进。

---

① 教育部. 关于实施卓越计划的意见 [Z]. 2014.

② 哲雄，张晓菲. 体育教育专业人才培养与中小学体育教育人才需求脱节的原因及解决对策 [J]. 体育学刊，2013，20 (3)：78—80.

## 三、体育教学论学科对体育教育专业的支撑性

一般来说，学科有三层含义：其一是指科学的分支或知识的分类，与专业的区别在于，学科主要指向知识体系，而专业主要指向社会职业的领域；其二是指“教学的科目”，即教与学的科目，起着传递知识的教育功能；其三是指高等学校或科研机构开展教学和科研的组织单位，是对教师和科研人员教学、科研业务隶属范围的相对界定。学科的发展以专业为基础，一个学科知识体系可在不同专业领域中应用。学科建设可以将最新的科学研究成果应用于专业建设，可以带动教学。正所谓科研是教学之源，教学是科研之基础。任何一个专业都有构成这一专业知识的主干学科作为自己的支撑。

专业要以学科为依托，科学技术发展到何种程度，教育也发展到何种程度。人才培养的质量，取决于学科的发展水平。[①] 体育教学论学科是教学论学科的分支学科，是研究体育学科教学理论及其应用的一门教育学科。主要是在体育教育专业中设置，由一系列体育教学课程（如体育教学哲学、体育教学心理学、体育教学伦理学、体育教学美学等）构成，以院系科建制为依托，主要通过师资队伍的组织、人才培养模式的确立、课程的设置、教学和学术研究活动的开展等，形成一定的体育教学学术体系，最终实现教学、科研、服务社会之职能。体育教学论是体育教师教育专业的学术性特色学科和师范性支撑学科，它是连接教育理论与体育学科教学实践的桥梁。它既体现为理论指导下积极有效地解决学科教学实践中的具体问题，还体现为对学科教学实践的理

---

① 刘海燕．曾晓虹．学科与专业、学科建设与专业建设关系辨析［J］．高等教育研究学报，2007，30（4）：29－31．

论概括。[①] 体育教学论是其学科中的一门课程，承担主要支撑培养中小学体育师资的重任。

2011 年 10 月，教育部颁布《教师教育课程标准（试行）》，标志着从师范教育向教师教育的改革逐渐落实到课程的层面。体育教学论学科必须具有本学科的特色，是广大体育教育研究者和实践者的共识。在“身心二元论”思想的主导社会，体育只是锻炼身体的一种手段，如何更好、更合理、更有效地去达到锻炼身体的目的，研究人体机能和结构的“解剖学”“生理学”成为体育教学的基础理论。随着教育理论的发展和心理学的出现，人们逐渐认识到体育教学不应只是促进机体发展，还要促进身心协调发展，于是人们开始认可“心理学”作为其他教学的理论基础。在关注“学生为本”的指导思想中，学生与教师的矛盾、学生之间的矛盾、学生与体育教材的矛盾、体育活动与学生身心发展之间的矛盾等体育教学中的社会现象备受关注，社会学理论进入研究者的视线。因此，体育教学论学科的发展，需要加强对基础理论的研究，它是一门学科发展的基础和依托。同时，体育课质量在很大程度上取决于体育教师“如何教”的知识和能力，这种知识和能力应该是体育教师的专业性所在，因此就应该成为体育教师专业新的发展基点。对于体育教师教育而言，体育教育学类课程正是体育教师获得这种知识能力并实现其专业发展的“不可替代性”的理论基础。最新的课程方案在体育教育本科专业课程体系结构分层次、模块化的基础上，提出了课程群的理念，通过对课程群的优选、交叉和组合，确定专业主干课程，使课程设置更具科学性、合理性、前瞻性和实践性，以必修课为主，不断强化选修课。必修和选修相结合的课程体系既强调共性，又不忽视个

---

① 王克勤，马建峰. 关于高师院校“学科教学论”发展的若干思考 [J]. 教育研究，2004 (2)：42—45.

性。体育教学论学科应拓展以作为支撑体育教师教育专业主干课程的体育教学论为核心的课程体系。

高素质的体育教师队伍，包括高校直接培养的和在职教师通过继续教育渠道培养的，都在向高等体育教师教育提出新的需求，这其实也为高等体育教师教育提供了发展机遇。要加强体育教师教育专业的学科建设，把培养优质师资作为培养目标，改革教师教育课程的教学，主动适应基础教育体育改革和发展的需要。每一门学科的存在也都需要有自身的教学理论，以促进本学科的人才培养。当教育科学空前繁荣，基础教育体育实践领域积极呼唤体育教育的科学指导，体育教学论学科可以以其特色优势结合师资队伍的培养，大力提高教师队伍的科研能力和水平，围绕当前体育教学中的热点、难点问题进行研究，为体育教学的改革提供科学依据，发挥体育教学论学科不可替代的学术桥梁作用，为中小学培养既具有中小学教学实践经验，又具有较高理论水平的高素质体育教师。

## 四、体育教学论学科发展演进过程中的摇摆性

体育教学论学科从无到有，从模仿借鉴到自我探索，努力找到适合我国国情的体育教学发展之路。回顾我国体育教学论学科演进过程，发现其演进并不是沿着一条直线上升，而是在不同时期摇来摆去，以适应一定的社会需求。

### （一）体育教学理论借鉴模仿与本土化探索

1840 年鸦片战争后，中国的大门被打开，国外教学思想和教学理论通过不同途径传入中国。在体育教学思想领域中，各种教学思想、理论在冲突、融合中逐渐发展起来。清末民初，我们学习的是日本的“军国民体育”。五四运动后，西方先进的体育

教学思想和教学理论被引进和推广，民国时期我国完全肯定了欧美“自然主义”体育教学理论。西方体育传入中国后，对土生土长的中国传统体育文化造成了一定的冲击，导致中国近代史上著名的“土洋体育之争”，最后通过了“中华新武术”作为全国学校正式体操的决定，武术在学校体育教育中占有了一席之地。同时，也推动着我国体育教育理论界在向西方先进思想学习的过程中，结合我国体育教学实际进行研究，积极探索中国体育教学理论。新中国成立后我们对欧美、日本体育予以全盘否定，建立了以凯洛夫的教育学为基础的苏式理论，注重体育知识和技能的教学。然而时隔数年，我国体育教育比较系统地总结了新中国成立以来的体育教育经验，探索适合我国国情的体育教学和体育教育培养模式，又开始了批判“苏式理论”的热潮。改革开放后我国学校体育教育开始“拨乱反正”，批判了“文化大革命”期间“以军带体”“以劳带体”等错误的体育教学观点，又开始学习日本、欧美体育教学理论，关注国际体育教学发展动态。同时，在我国学校体育走上正轨的基础上，体育教育研究者也开始逐步探讨各级体育教学问题，不断反思总结，积累宝贵经验，逐步形成具有中国特色的体育教学理论。

### （二）体育教学价值取向社会本位与人本位

不同的社会和不同的时期总是赋予体育教学外在的价值。不同时期，因社会发展对体育的需求不同，体育教学价值取向的侧重点各不相同。清末民初的军国民体育思想指导下的体育教学凸显了统治阶级的需要，但其教学内容单调，训练方式单一、枯燥，无益于学生的身心发展，遭到学生和家长的反对。1923 年的学制改革，以实用主义为指导思想的体育教学，凸显学生的需求和兴趣，其核心是强调体育以儿童为中心，适应儿童现在生活的需要，而不是适应其将来的需要，强调体育要适应儿童的兴趣，培养民主、自由思想和适应个性发展，学校体育增加了新的内容，开始关注学校体育对儿童身体、心理、精神和品质教养的作用和影响，很快被学生和家长接受。新中国成立以来，体育教学是以社会需要为中心，强调通过体育教学促进学生的身心发展，注重训练学生“生活上和国防上所需之基本技能”，凸显了服务国家、社会的体育教学价值取向。改革开放以后，学生的兴趣和需要逐步得到关注和加强，特别是在20世纪90年代末素质教育下的新一轮“体育与健康”课程改革中，明确提出“以学生发展为中心，重视学生主体地位”，“关注个体差异与不同需求，确保每一位学生受益”，进一步强调将学生全面发展放在中心地位，重视学生的运动兴趣与个体的不同需求，促进学生个性的发展，以及学生自我实现的达成，有较强的个人倾向，彰显了人本位的体育教学价值取向。

### （三）体育教学过程中教师中心与学生中心

师生关系是教学论的核心问题之一。“谁是体育教学中的主体”，这是体育教育界长期争论的问题。回顾体育教育发展历史，不难发现人们对教学主体地位的认识始终在“以教师为中心”和“以学生为中心”之间徘徊，这一“钟摆现象”导致了体育学科在制定体育教学目标，选择体育教学内容，组织与实施体育教学等方面的对立。早期的“兵操科”，以兵式体操为主要教学内容，主要训练“立正”“开步走”“托枪”等，教师不知“教授为何物”，对学生进行的教学无科学教学方法，违背了学生身心发展规律，教学效果极差，不受学生和家长欢迎，很快被废除，被西方的田径、篮球、足球等学生喜闻乐见的体育教学内容所代替。随着自然主义体育思想的传入，又转为关注学生的身心发展，注重儿童的兴趣，强调以“儿童为中心”。新中国成立初期，全国学校体育采用统一的形式开展教学，以发展学生体力和提高与体力相关的技术。重视教师的“教”，发挥教师作为主导者的作用，把学生放在客体的位置上，强调学生是接受知识的“容器”，忽视学生的爱好、兴趣，把“体育课变成了增强体质的简单操练”，导致“学生内在的习得动机与兴趣下降”。[①] 改革开放后，中国开启以市场经济为导向的全面的社会改革，个体的主体性逐渐凸显，师生之间的主体交互性开始得到关注。社会向学校体育提出了更高的要求，学生需要身心愉悦的体育教学，即通过体育教学，发展学生的身体，促进学生人格的塑造，以培养适应现代化社会发展需要的身心健康的人才。“育人”“以学生为本”成为当前世界各国教育的主要潮流，体育教学育体又育心，才能保障学生的自然发展和健康发展。体育新课程改革中明确提出“体育课程要以学生发展为中心”，学生的需要和兴趣逐渐得到关注和加强。体育教师是“实现课程标准的决策者”“学习过程的指导者”“学习活动的设计者、组织者”“课程内容资源的开发者”“体育教育研究者”[②]，体现了师生之间主体性交往与彼此“在场”的交往的师生观，即师生都是教学的主体，离开了谁教学都不存在，只是在教学交往过程中，师生所处的地位和扮演的角色不同。在教学过程中，学生是学习的主体，教师是学生学习过程中的引导者、促进者，帮助学生学习，强调教学过程中师生活动的多向交往与共同合作。

### （四）师资培养课程中学科课程与术科课程

“学科”与“术科”的划分源于体育专业教育领域。“学科”与“术科”的划分，使人们从思想上将体育专业的课程一分为

---

① 沈建华，张家喜．建国 60 年我国学校体育观的审视与建构［J］．上海体育学院学报，2009，33（5）：67－69．

② 陈作松，季浏．新体育课程的实施对体育教师提出的新要求［J］．北京体育大学学报，2004，27（3）：370－372．

二。从清末体操师资培养机构的课程设置情况看，课程已可分为学科、术科两类，术科主要是兵式体操。1922年，北洋政府颁布了新学制（“壬戌学制”），术科增加了田径、球类、游戏等西式体育，术科教学内容更加丰富。

新中国成立后，体育教育专业课程改革中，学科与术科的教学时数比不断被调整（见表4－1）。在1955年教育部颁发体育系必修课程计划，学科与术科教学时数比为53∶47。[①] 1958年5月，教育部在转发的国家体委《关于改进体育学院工作的指示》中提出：“为了实现十年左右在主要项目赶上世界水平的任务，无论体育系或运动系，都有为国家培养优秀运动员的责任。”[②]一些体育专业的培养目标受到影响，课程设置及教学中开始追求技术水平的提高。1960年体育系教育计划中，学科与术科教学时数比为42∶58[③]，突出专修课，专修课时比重较大，出现忽视基础理论学习的倾向。1963年教育部颁发的《体育专业教学计划（草案）》，适用于高师和体育学院体育专业，成为当时全国比较统一的体育专业教学计划，学科与术科教学时数比为46.6∶53.4，专业基础理论课比例提高，选修课以学科课程为主。[④] 注重专业基础理论知识、基本运动技术的学习与掌握，学科比重有所增加，专项技术选修课的学时较1960年明显下降。这一时期是我国体育教师教育发展迅速的时期，也是我国体育专业及其相应课程体系不断完善、趋于合理的时期。1980年国家体委颁发

---

① 刘英杰．中国教育大事典（1949—1990）［M］．杭州：浙江教育出版社，1993：885．

② 刘英杰．中国教育大事典（1949—1990）［M］．杭州：浙江教育出版社，1993：175．

③ 国家体委政策研究室．体育运动文件选编（1949—1981）［M］．北京：人民体育出版社，1982：650－651．

④ 刘英杰．中国教育大事典（1949—1990）［M］．杭州：浙江教育出版社，1993：886．

《体育学院体育系教学计划》，学科与术科教学时数比为 40.55∶52.9[①]，突出专项选修，专修课时较多。1980 年教育部根据高等师范学校体育系的培养目标是中等学校体育教师这一要求，于 1980 年 12 月制订并颁发了《高等师范学校体育系本科（四年制）的教学计划》，学科与术科教学时数比为 50.04∶49.95[②]，学科与术科的比例大致持平，在培养目标上规定为中学体育教师，在业务要求上强调在全面发展的基础上有所专长。1986 年国家教委颁发《高师体育专业教学计划试点改革方案（征求意见稿）》，学科与术科教学时数比为 55.6∶44.4。[③] 1991 年 6 月国家教委下发《普通高等学校本科体育教育专业教学计划》，学科类比重又有所提高，学科与术科教学时数比为 59.38∶40.62。[④] 选修课分为限选与任选两类，限制选修分学科和术科两类。1997 年 2 月国家教委颁发了《全国普通高等学校体育教育专业本科专业课程方案》。该课程方案在培养目标上以中等学校体育教师为指向，但适应范围有所扩展。其关于培养目标的表述落脚在“体育教育专门人才”上，适应的工作范围扩展为“适宜到中等学校从事体育教育和科学研究工作，并能从事学校体育管理、运动训练和培养社会体育指导员等工作”，体现出扩展专业口径、增强适应性的思想。学科与术科教学时数比为 63∶37[⑤]，学科类课程较以前有所增加。2003 年，教育部颁布的《普通高等学校体育

---

① 国家体委政研室．体育运动文件选编［M］．北京：人民体育出版社，1982：673.

② 教育部．关于试行高等师范院校体育专业教学计划（试行草案）的通知(80)．教体字 027 号附件一.

③ 国家教委．关于征求高师体育专业教学计划试点院校改革方案修订意见函(86)．教体司字 019 号.

④ 国家教委．关于印发普通高等学校本科体育教育教学计划的通知．1991—06—27.

⑤ 国家教委办公厅．关于印发全国普通高等学校体育教育专业本科专业课程方案的通知（试行）．教体厅 199711 号附件.

教育专业本科专业课程方案》，以培养高质量的体育师资为出发点，突出“更新教育理念，加强全面基础，拓宽专业口径，培养创新意识，增加适应能力，提高综合素质”的特点。学科与术科教学时数比为75.6：24.4，学科课程学时比例大幅上升，术科比例则大幅下降。

**表4—1　新中国成立后体育教育专业课程中学科与术科的教学时数比**

| 时间 | 文件 | 学科与术科教学时数比 |
| --- | --- | --- |
| 1955年 | 体育系必修课程计划 | 53：47 |
| 1960年 | 体育系教育计划 | 42：58 |
| 1963年 | 体育专业教学计划（草案） | 46.6：53.4 |
| 1980年 | 体育学院体育系教学计划 | 40.55：52.9 |
| 1980年 | 高等师范学校体育系本科（四年制）的教学计划 | 50.04：49.95 |
| 1986年 | 高师体育专业教学计划试点改革方案（征求意见稿） | 55.6：44.4 |
| 1991年 | 普通高等学校本科体育教育专业教学计划 | 59.38：40.62 |
| 1997年 | 普通高等学校体育教育专业本科专业课程方案 | 63：37 |
| 2003年 | 普通高等学校体育教育专业本科专业课程方案 | 75.6：24.4 |

资料来源：根据各年体育专业教学计划、课程方案整理。

从体育教育专业课程体系中学科与术科课程比例不断调整，可以看出二者包含了“内涵之争”“比例之争”“地位之争”。[①]“学科”与“术科”的比例问题成为体育教育专业改革的基本问题。体育教师教育专业的特殊性要求教授“如何教”的知识，“术科的名称除了对体育认识的肤浅外，剩下的就是对体育的轻

① 刘斌，何志林．体育专业教育领域“学科”与“术科”之争辩［J］．上海体育学院学报，2009，33（1）：91—94.

视了”[①]。如何正确处理“一专”与“多能”、学科与术科、必修与选修的关系，使培养的师资确实具有实现中等教学任务的多种能力和一定高度的专业知识结构和技能？学者们加强了对“学科”与“术科”本质的研究，认识到“学科”与“术科”不是封闭独立、彼此对立的，而是“学科”中有“术”，“术科”中有“学”，“学科”与“术科”是体育学科不可分割的两个部分，提升教师对“学科”与“术科”的认识，才能最终提高体育教师培养的质量。

体育教学论发展过程中的摇摆现象是一个不断自我更新的发展过程，是向前演进的发展。体育教学论的发展与西方体育的引进，以及西方体育理论和教学论的引进是分不开的。在当时的历史条件下，这种引进是必要的，中国体育教育只有在与世界体育教育互相借鉴中才能有所发展。同时，学习外国的优秀文化，又必须与中国的实际相结合，绝不能生搬硬套，影响体育教学实践。早期模仿照搬的“军国民体育”“自然体育”“苏式体育”就因缺乏先进的、适应我国实际情况的课程理论作指导，对国外的体育教育理念生搬硬套，对我国国情考虑不足，造成水土不服，如昙花一现，难以长久。因此，要创建具有中国特色的体育教学论学科，要以我国中小学体育教师的教学实践经验为基础，只有深深植根于中国土壤的教学理论才能发挥对教学实践的指导作用。

① 任海，李天伟，王凯珍，等. 国内外高等体育院校课程结构外差异的析因（续二）[J]. 山东体育学院学报，1998，14（3）：25.

# 第五章　当代体育教学论学科发展的思考与展望

回顾我国体育教学论学科演进的历史轨迹，总结历史经验教训，认清发展趋势，探求其未来的发展策略和发展道路，对于体育教学论学科的改革无疑具有重大意义。体育教学论学科是教学论学科的分支学科，是体育教师专业发展的基础。体育教学论是体育教师教育专业的核心课程，是培养师范生掌握学科教学的规律及方法，为师范生将来走上体育教师岗位，成长为合格的体育教师奠定基础。特别是在改革开放的新形势下，鲜活的一线体育教学实践的发展远远领先于体育教学论学科的发展，这种理论滞后的现象将使我们培养出来的学生难以适应基础教育体育教学改革的需要。因此，必须加快体育教学论学科体系建设步伐，为体育教育专业建设提供相应的学科支撑。体育教学论的学科建设要在稳定中寻求变化，在变化中寻求稳定的规律，从而使体育教学论学科能够与时俱进。重视体育教学论学科的建设，凸显其教师教育办学的优势与特色，把握当前体育教育实际问题，在与国际接轨的过程中增强主体意识，批判性地学习国外优秀经验，思考体育教学论的研究如何有效应对全球化，走我国体育教学论学科自主创新之路，获得与发达国家平等“对话”的机会，不仅是培养新一代体育教师的需要，也是推动体育课程改革的需要。关心体育教学论学科的发展应成为体育教学论研究者的一种自觉行动。

## 一、体育教学论学科发展的时代困境

综观体育教学论学科的建设之路，已取得了长足的发展，但我们也应清晰地看到，由于体育在近代中国是“舶来品”，学者们将接触到的体育，还没来得及理解、消化、吸收，就匆匆介绍给国人，其理论基础一开始就非常薄弱。至今，体育教学论仍是一门不太成熟的学科，其在科学化、系统化、实践化建设中还存在一些亟待解决的问题。

### （一）体育教学论学科理论缺乏体育特色

我国学科教学论是在教育学的“关照”下发展起来的，它在学科体系、理论基础和研究框架方面都与教育学有着密不可分的联系。[①]“学科教学论”是高师院校的学术性特色学科和师范性支撑学科，与其他类型高校相比是其不可替代的优势学科[②]，主要培养师范生将来作为教师应具备的基本素质。

体育教学论是教学论的分支学科，它与教学论之间是特殊和一般、局部和整体的关系。体育教学论是以体育学科教学系统为研究对象，是对经验体育教学的理性升华，应形成自身比较完整的理论体系。然而，体育教学论课程内容奉行“拿来主义”，套用、移植教学论的理论和方法，目前体育教学论的体系大致与普通教学论相近（见表5-1）。学生普遍反映体育教学论抽象、枯燥，无法将所学的理论内化为学科教学能力，对将来从事体育教师工作没有多大的直接帮助。“而我们的体育教学论工作者还没

---

① 丁邦平. 比较教学论：21世纪比较教育学发展的一个重要领域［J］. 教育研究，2013（3）：12—18.

② 杨启亮. 反思与重构：学科教学论改造［J］. 高等教育研究，2000（5）：65—68.

有根据体育教学认识论，来重新审视或者再次抽象概括”①，只是冠以“体育”，尽管做了一些增补和其他一些尝试，但“很少从体育自身学习特点来探究体育教学活动的依据，也很少涉及这些规律、原则、方法是怎样影响学生的体育学习的问题”②。体育教学论与教学论相比总体改观不大，差异仅表现在举体育学科的一些实例加以说明。体育教学论远离鲜活的教学实践，没有体现最新的研究成果，不能反映我国基础教育体育教学实践的特点，缺乏本学科的实证基础，空泛而无特色，暴露出简单移植、套用教学论原理的弊端，丢失了对自己学科本质的深入探讨，导致“体育教学论范畴不清、概念不明、研究零散和不系统”③。体育教学论依附于教学论，但“我们不能满足于一般的课程与教学论，我们要构建体育学科特有的课程与教学论，在这一方面，我们和世界各国还有一定的距离”。“当前存在的突出问题是出版的有关课程与教学论的专著和论文大部分是宏观的、跨学科的课程和教学论，反映体育学科特殊矛盾和规律的体育学科课程与教学论还没有真正的建立起来”④，尚未形成独立的理论体系，如果“一味照搬一般教学论的理论框架和内容，就会使体育教学论缺乏体育学科的自身性质，缺乏实用性”⑤。体育教学论失掉“体育”这一个性，不能揭示体育学科自身独特的教学规律，体现体育学科特点，体育教学论的价值也就无从谈起，体育教学论就会出现“在理论上未能超越普通教育学的水平；在实践的层面

---

① 吕勇．我国体育教学论发展研究［D］．长沙：湖南师范大学，2005：37.

② 潘明．体育教学理论的教材流变与超越［J］．体育与科学，2002，23（2）：13—15.

③ 宋海霞，宋海燕．对体育教学论的新思考［J］．湖南第一师范学院学报，2008（3）：59—60.

④ 曲宗湖，顾渊彦．“学校体育学”课程建设回顾与展望［J］．首都体育学院学报，2009，21（1）：6—14.

⑤ 王德慧．体育教学论内容体系优化与完善［D］．重庆：西南大学，2009：12.

上，又不及各科教材教法具体深入，似乎仅仅在教学论及教育学各部分内容的前面加上某学科的名称”的困惑。在模仿学习中急于照搬和挪用，与体育学科结合不够，缺乏分析与判断，缺乏能够诠释自己教学实践的教学理论，缺少体现理论指导下积极有效解决体育教学实践中具体问题的方法，这必然导致体育教学论学科水平低下，制约学科的发展。

**表 5－1　1988 年《体育教学论》、1991 年《教学论》与 2005 年《体育教学论》内容体系比较**

| | 1988 年《体育教学论》 | 1991 年《教学论》 | 2005 年《体育教学论》 |
|---|---|---|---|
| 作者 | 王伯英、曲宗湖 | 李秉德 | 毛振明 |
| 内容体系 | 一、体育教学论及其科学基础<br>二、体育教学过程<br>三、体育教学原则<br>四、体育教学内容<br>五、体育教学方法<br>六、体育课的类型、结构与组织<br>七、体育课的负荷<br>八、学习动作技能和发展体能<br>九、体育教学的检查与评价 | 第一章　绪论<br>第二章　过程论<br>第三章　目的论<br>第四章　原则论<br>第五章　主体论<br>第六章　课程论<br>第七章　方法论（一）教学方法<br>第八章　方法论（二）教学组织形式<br>第九章　方法论（三）教学媒体<br>第十章　环境论<br>第十一章　反馈论（一）教学评价<br>第十二章　反馈论（二）教学管理<br>第十三章　余论——中外教学论研究实验的现状与展望 | 第一章　绪论<br>第二章　体育教学目标<br>第三章　体育教学过程<br>第四章　体育教学主体<br>第五章　体育教学原则<br>第六章　体育教学模式<br>第七章　体育教学方法<br>第八章　体育教学内容<br>第九章　体育教材化<br>第十章　体育教学设计与计划<br>第十一章　体育课堂教学的组织与管理<br>第十二章　体育教学评价<br>第十三章　体育教学环境<br>第十四章　体育教学技能与训练<br>第十五章　体育教学研究 |

资料来源：①王伯英，曲宗湖．体育教学论［M］．成都：四川教育出版社，1988.

②李秉德．教学论［M］．北京：人民教育出版社，1991.

③毛振明．体育教学论［M］．北京：高等教育出版社，2005.

“学科教学论”课程体系的构建，最终目的在于为高师院校学生夯实基础，从理论和观念上引导他们“入门”，从教学技能上促使他们“上路”，从科研思路上帮助他们“开阔眼界”。[①] 体育教学论只是体育教学论学科的一门课程，以此支撑培养现代基础教育师资的重任，显然是势单力薄，不堪重负。特别是近年来，伴随着新一轮课程改革，各种新理念、新理论层出不穷，某种新理论被引进并在实践中推广，体育教师还没有掌握，又有新的理论出台和推广，使得中小学体育教师无所适从。为此，在体育教学论的编写体系上，应在体育学科框架内构建体育教学论的逻辑结构，同时开发、拓展以体育教学论为核心的课程体系，从而推动学科发展。

### （二）体育教学论学科研究力量相对薄弱

学科建设注重科学研究，出高质量、高水平、高层次、前沿性的科学研究成果。体育教学研究是体育教学论学科发展的动力。高水平的研究需要高水平的研究人员。体育教学论学科是一门理论与实践结合紧密的学科，学科性质决定了对体育教学论的研究要求，既要重视理论，又要重视实践，这就要求教师既要有一定的理论素养，又要有一定的实践经验。体育教学论学科的发展急需大批既有深厚理论功底，又能深入了解基础教育一线实践的专门人才。只有不同的研究者，从不同的视角，获得不同的体育教学体验，发出个体独特的声音，这样的研究才有深度。

目前，体育教学论研究队伍大致有以下几种类型，还不适应体育教学论学科发展的需要。一是具有较丰富的中小学体育教学实践经验的体育教师和教研员。这些一线体育教师有着丰富的体

① 王克勤，马建峰. 关于高师院校“学科教学论”发展的若干思考［J］. 教育研究，2004（2）：43—47.

育教学实践经验，但普遍理论素养不足，未能将自己丰富的体育教学实践上升到理论层面而加以推广。还有就是这些一线教师缺少做学校体育教学研究的激情和方法，不会做研究，畏惧做研究，认为学校体育教学研究只是少数专家学者的事情，与自己无关。二是高校从事体育教学论研究的教学人员。不少院校还没有设立体育教学论课程的专职教师，有的院校体育教学论课程是由其他体育理论课教师兼任，这类转行从事体育教学论教学研究的人员的专业知识储备与教育实践经验都达不到体育教育专业教师水平，难以满足教学和科研工作的需求。三是体育教学论专业方向的博士、硕士等科班出身的人员。这类本学科具有博士、硕士学位科班出身的教师比例较小，他们有着一定的学术水平，但缺乏体育教学实践经验。在体育教学论教学中侧重理论知识的讲解，较少关注基础教育实践中的案例，基本上是教师单一地在课堂上讲授与教学相关的理论知识，没有充分认识到"对教育的理解只有在丰富的现实的教育实践中才能真正获得"[①]。对体育教学的研究也是从理论到理论，重视理论的阐释与解读，缺少理论与实践相结合的实证研究和实验研究。这种缺少理论与实践相衔接的教学与研究，从根本上制约着研究者在理论生成和创新过程中的价值判断。

总之，这些从事体育教学的研究者要么经验丰富而缺乏理论素养，少了高屋建瓴的大气；要么有一定的理论素养但又与中小学体育教学实践有一定的距离，少了切合实际的地气。与其他学科相比，体育教学论一方面表现出研究队伍数量不足，从学术性来讲理论水平偏低，从实践性来讲缺乏实证研究的基础；另一方面表现出研究者单兵作战多，合作研究少，缺少学科带头人等，

---

① 宁虹．重新理解教育——建设教师发展学校的思考［J］．教育研究，2001(11)：49－52.

没有形成结构优化的高水平学术队伍。因为“我国教育研究及体育研究机构很少设置体育教学理论（方法）研究部门，因而不可能组织重大的、系统的研究”[①]。这限制了体育教学研究课题的系统性，难以产生影响力大、学术价值高、现实性强的研究成果。体育教学论学科师资教学研究力量相对薄弱，达不到体育教学论学科建设的要求，这在一定程度上影响了体育教学论学科建设的可持续发展。

### （三）体育教学论学科研究水平、层次不高

科学研究水平在一定程度上反映了学科发展水平。工欲善其事，必先利其器。一个学科的成熟与否，独立的研究方法体系是其重要标志之一。任何学科方法论问题必然涉及科学研究的前沿。这就需要研究人员不断创新和发展研究方法，在多学科视域思考体育教学，从而产生高水平的研究成果。目前，体育教学论研究质量相对不高，研究成果的学术影响力不大。

一是研究范式的固化和单一。体育教学论在研究方法上，重思辨演绎，轻实证实验；重综合，轻分析；重理论解释，轻理论反思与批判，对其他理论或思想过度依赖，研究导致了与体育教学的“疏离”，这种“削足适履”的现象是研究主体的过失，同时也造成教学实践因缺乏科学、有效的理论引领和指导而失去生机和活力[②]；就体育教学论体育教学，忽视对影响体育教学的变量做细致分析；忽视利用中国体育教学改革的材料来充实体育教学论的研究；等等。“体育教学论是以体育教学的基本理论体系组成，但其形成与发展过程中也以许多相关学科基础理论作支

① 刘绍曾．我国体育教学方法的发展［J］．北京体育大学学报，1996，19（2）：46—50.

② 安富海．教学论研究者为什么“走不下去”——兼论“国外教学理论诠释中国教学实践”现象［J］．课程·教材·教法，2012，32（7）：26—31.

撑，显现出跨学科的特征。”[①] 体育教学论学科研究少有从体育符号学、教学哲学、文化学、社会学等视野展开的深层次研究。

二是研究视域狭窄。体育教学论研究既有对教的研究，也有对学的研究；既有对学生的研究，也应有对体育教师的研究。“要研究体育教师的专业素养和教学技能评价标准。中小学需要什么样的体育老师，体育老师应具备什么样的专业素养和能力”，“要将研究成果反馈到高校，改革体育专业的教育”，从而推动高校体育人才培养模式的改革。[②] 目前，对体育教师的研究不足，尤其是对体育教师的学科素养等缺乏综合系统的研究，以致体育教育专业培养出的学生难以很快适应基础教育体育的需求。体育教育专业的课程改革落后于基础教育体育课程的改革，体育教育专业人才培养模式落后于基础教育改革。狭窄的研究视域、单一的研究方法等导致体育教学论学科整体研究水平、研究层次不高，难以推动体育教学论学科向纵深发展。

### （四）体育教学论研究滞后于体育教学实践

“学科教学论课程是研究如何使有关的一般理论跟学科教学实际情况相结合，来指导、改进学科教学实践，并且在学科教学实践的基础上研究有关的一般理论对有关的一般理论进行整合、补充、发展和完善的学科，其核心是以实践为目的的理性设计。”[③] “教学论是一门实践性很强的学科，教学论研究不是一种纯粹的知识追求，而是一种知情意行相统一的智慧探索活动；教

---

① 张学忠，毛振明，崔颖波，等. 体育教学论的概念、性质、对象和任务的研究 [J]. 成都体育学院学报，2005，31 (4)：108—111.

② 王登峰. 强健体魄　健全人格——学校体育改革总体思路与路径 [J]. 中国德育，2014 (4)：17—22.

③ 吴俊明. 学科教学论是一门什么样的学科 [J]. 中国教育学刊，2003 (11)：12—15.

学论研究要关注教学实践、走进教学实践。”[①]“体育教学论研究对象是体育教学问题”[②]，体育教学论的生命力来源于体育教学实践，从实践中汲取营养是体育教学论发展的关键，体育教学理论与体育教学实践的结合程度是衡量体育教学理论发展水平的一个重要标志。但目前的状况是“有出色的教学实践，无出色的教学论”[③]，体育教学论的研究存在理论与实践“两张皮”。

一是为理论而理论的理论研究。这类研究关注抽象的“理论世界”，梳理真实的“生活世界”，“一味地沉迷于从教学论‘移植’相关的理论知识，并沉浸于教学、教学目标、教学本质、教学模式、教学策略、教学设计转化为体育方面理论的来回穿梭”[④]，即使是教学问题，也是历史的和异域的，这些静态的研究内容，研究者们可以在书斋里“坐而论道”，仅仅研究体育教学中为什么要这么做，对丰富多彩的体育教学实践关注不够，对体育教学理论缺少教学实践支持，从而造成理论成果过于抽象、概括难以运用，体育教学理论显得空洞，缺乏对实践的指导力。体育教学实践是动态变化的，表现出层出不穷的体育教学问题。体育教学论研究要分析和解决这些复杂的体育教学问题，如果研究者置身实践之外，那么“在置身实践诠释、说明教育教学场景时，常会有一种力不从心的感觉”[⑤]。而广大体育教师也很难从这些体育教学的“宏大理论”中获得有效的方法与启迪。

---

① 安富海. 教学论研究者为什么“走不下去”——兼论“国外教学理论诠释中国教学实践”现象 [J]. 课程·教材·教法，2012，32 (7)：26－31.

② 张学忠，毛振明，崔颖波，等. 体育教学论的概念、性质、对象和任务的研究 [J]. 成都体育学院学报，2005，31 (4)：108－111.

③ 石鸥. 新世纪拒斥这样的教学论——主流教学论困境的根源及其走出 [J]. 湖南师范大学教育科学学报，2002，1 (1)：32－36.

④ 吕勇. 我国体育教学论发展研究 [D]. 长沙：湖南师范大学，2005：38.

⑤ 郑金洲. 中国教育学研究的问题与改进路向 [J]. 教育研究，2004 (1)：21－25.

二是理论研究与实践脱节。“教学论因原创性研究的匮乏而失去了不竭的动力。而原创性研究的动力又只能来自基础教育第一线，来自课堂，来自学生，来自教学。偏偏这个动力源没有引起我们足够的重视。”① 体育教学论学科的理论必须来源于实践，检验于实践，丰富的体育教学实践活动是体育教学理论生成和发展的源泉。然而，由于“理论研究与工作实践脱节，理论研究贡献不明显”②。“体育课究竟怎样上，怎样充分利用 14 年的体育课，希望专家学者下到中、小学去看看，研究一些实际问题。希望研究时能够兼容并蓄，辩证地研究，实际操作就容易些。”③ 这是教学实践对理论的突破性发出的呼声，体育教学改革的新问题、新情况，迫切需要从理论上进一步加以探讨。如：如何进行课程资源开发，如何在体育教学内容、教学方法等方面进行改革试验和理论探讨。这需要研究者深入教学实践一线，对实践中的问题潜心进行追踪观察、实验和总结，从中提炼出一般理论。而现实情况是，研究者多局限于理论研究，没有把现实问题作为自己的研究素材，直面丰富的体育教学实践，对不断发展变化的基础教育体育教学中迫切需要解决的问题展开理论与实证研究，缺乏由实践升华出的理论，难以归纳其规律，很难解决现实问题，更不可能阐释其深刻的含义，而广大体育教师很难从这些体育教学的“宏大理论”中获得教学实践的有效方法与启迪。这必然导致研究成果不能有效引导基础教育体育教学实践。体育教学论是一门实践性很强的理论学科，脱离实践的理论研究不利于体育教

---

① 石鸥. 新世纪拒斥这样的教学论——主流教学困境的根源及其走出 [J]. 湖南师范大学教育科学学报，2002，1 (1)：32—36.

② 舒盛芳，沈建华. 改革开放 30 年我国学校体育取得的主要突破与问题 [J]. 上海体育学院学报，2008 (4)：34—39.

③ 学校体育理论与实践有差距吗？——学校体育理论与实践的差距研讨会发言纪要 [J]. 中国学校体育，1998 (5)：21—22.

学论学科自身的发展。

### （五）体育教学理论中存在本土化研究不足的情况

19世纪末20世纪初，我国留学生从日本带回了“军国民体育”，学者们将所接触的体育还没来得及理解、消化、吸收，就匆匆介绍给国人，更没有时间和精力构建理论体系。五四运动前后，我国一大批留学欧美学生，带来了欧美的“自然主义体育”；民国时期我国完全肯定了欧美“自然主义”体育教学理论。新中国成立后，由于意识形态的影响，我国对欧美体育教学理论予以全盘否定，并建立了以凯洛夫的教育学为基础的苏式体育理论，其教学理论在很长一段时间成为我国体育教学理论的一种固定模式。时隔数年后，又开始了批判“苏式理论”的热潮。改革开放后，我国进入了一个持续不断的教育教学改革探索过程。“快乐体育”“成功体育”“终身体育”“人本体育”等体育教学思想此起彼伏。来自别国的、引领世界教育发展潮流的理论和方法，不断更新着我们的观念，改变着我们的教育教学行为。

偏重“引进”，这固然对丰富我国体育教学理论有利，但顶礼膜拜，亦步亦趋，生搬硬套，忽视独创，结合我国国情不够，导致消化不良、缺乏“中国味道”及“不相配套”等现象。同时，对我国体育教师多年的教学实践缺乏系统总结，难以上升到理论高度而加以推广。如我们在体育教学中引进的“程序教学法”“发现法”“道尔顿制教学法”就因水土不服，不被老师们认同和接受，新鲜了一阵子，很快就被弃用。这些体育教学方法“缺乏‘中国味道’，在中国广大的土地上没有生根、开花、结果”[①]。我们必须清醒地认识到，“‘有意义的’教育思想的产生

① 刘绍曾．我国体育教学方法的发展［J］．北京体育大学学报，1996，19（2）：46—50.

绝非信手拈来之举，而是必须建立在对实践需求的深刻洞察、历史脉络的准确把握及理论论证的充分展开的基础之上，而且是思想提出者本人也准备身体力行的。随意提出一些不面向实践、完全不考虑实践可能性的所谓‘教育思想’，这不是哗众取宠，便是自作多情，都是对实践的一种不负责任的行为”①。因此，研究者应对不同国家的学校体育改革发展的社会和文化背景进行研究，并结合本国的体育教学实践，有选择地借鉴他国的经验教训，在借鉴他国的有益经验中，启发思维，拓展思路，开阔视野，不断丰富体育教学研究内容、方法，推进我国体育教学研究发展。

## 二、体育教学论学科发展的未来走向

当前和今后一段时期，是我国经济社会发展的重要战略机遇期，也是我国教育发展与创新的关键时期。我国将进入从人力资源大国向人力资源强国转变的新阶段，进入全面提高教育质量、实现教育均衡发展、保障教育公平的新阶段。这些都对教育发展提出了更高的要求。在新的历史起点上，加强学科教学论的研究，提高学科教学论水平具有重要的战略意义。学科教学论必须紧紧围绕我国各级各类学校教学改革的重大理论问题和实践问题开展深入的原创性研究；积极主动地参与教师的培养，将学科教学论的研究成果及时向教学实践转化；建立实验、实践基地，探索教学观念、教学模式、教学方法、教学评价的改革，为全面实施素质教育提供理论支持。体育教学论学科需要在反思中不断完善学科体系，加强高水平师资队伍建设、教学与研究基地建设以及学科最新成果的课程建设等，以适应基础教育体育课程改革的

① 吴康宁．有意义的教育思想从何而来——因教育界“尊奉”西方话语的现象引发的思考［J］．教育研究，2004（5）：19－23.

发展和推进体育教师专业化发展的需要。

### （一）体育教学论学科需原创并凸显学科特点

我国体育教学论在借鉴、模仿中创建。我们学日本、美国、苏联。在早期我们学习和借鉴这些国家的先进经验和体育教学理论是合理和恰当的，但现在更重要的是需要能够指导自己教学实践的教学理论。体育教学论在具体研究过程中不能脱离中国现实和学科自身特点。萨德勒早就提醒我们："我们不能随意地漫步在世界教育之林，像小孩逛花园一样，从一堆灌木丛中摘一朵花，再从另一堆中采一些叶子，然后指望将这些采集的东西移植到家里的土壤中便会拥有一棵有生命的植物。"① 体育教学论的发展要建立在坚实的理论基础之上，要从其他学科汲取营养，充实和丰富自身内涵。

一门独立学科的特色体现在它有其他学科不能代替的、独特的研究问题和研究范畴。体育教学论研究一方面源于对母学科教学论的继承和发展，以及对原有体育教学基础理论的不断充实、发展和创新；另一方面是对体育教学经验的理性升华。因为"原创性研究的动力又只能来自基础教育第一线，来自课堂，来自学生，来自教学"②。研究者要有问题意识，从体育教育视角感知和发现体育教学中存在的问题，并对众多鲜活的体育教学实践经验、现象和问题加以概括、归纳和总结，形成自己的话语体系。

体育教学实践给理论研究提供了丰富的资料。体育教学理论研究不能脱离现实，要把握教学的脉搏，切入教学的"生活世界"中去。更注重和体现时代精神及教育教学实践的改革和发展

---

① 王承绪. 比较教育学史［M］. 北京：人民教育出版社，1999：66.

② 石鸥. 新世纪拒斥这样的教学论——主流教学论困境的根源及其走出［J］. 湖南师范大学教育科学学报，2002，1（1）：32－36.

要求，对立体性教育和创造性教育教学实践所提出的现实课题作出准确的解答。概言之，教学理论要为当下教学的发展提供核心理念，为学生提供从事体育教学的操作案例，使学生初步具备从事体育教学的综合实践技能。因此，体育教学论的发展，要在借鉴中摆脱一般教学论的束缚，根据体育学科教学的特点，总结体育学科教学的规律，对一般教学论进行修改、补充和丰富，从体育教学的立场去收集原始素材，去发现原发性问题，去概括和总结充分彰显体育专业特色的学科教学理论，编写凸显体育教学论特色的体系完整的教材，提升学科的学术品位，建构具有体育特色的学科理论体系，形成一门独立的学科。这是体育教学论学科建设的迫切任务，也是研究者的责任。同时，还要从其他相关学科研究中汲取营养，充实和丰富自身的内涵，奠定坚实的基础。

### （二）体育教学论学科建设需要稳定的学术共同体

一门学科的建设与发展，没有一支力量雄厚的师资队伍是不可能的。任何一个学科的建设都离不开高层次的人才。要保证体育教学论学科建设的可持续发展，必须重视和加强高水平学科队伍建设。新时期，体育教学基础理论性的研究主要由高校体育专业教育来承担，而体育教学的应用性和推广性研究需要由体育教育行政管理人员、体育教研员和体育教师相结合的研究队伍来承担。不同学科背景的研究者之间的深度合作与相对稳定的学术共同体的建设，有利于体育教学论学科的发展。

一是扩大学科专业人才的培养，提升人才培养质量。体育教学论教师应具有相应的学科知识，同时具有系统的教育理论知识，还要具有中小学教学的实践经验。在体育教学论学科教师的培养中，要注重对其实践研究能力的培养，不仅要让其了解各种研究方法的理论渊源和适用范围，还应创造条件让他们不断地在“研究现场”中检验研究方法，从而为日后到中小学去做研究打下坚实的方法论基础。体育教学论专业研究者要将自己的教学和研究根植于基础教育实践的沃土之中。

二是培育具有科学精神和人文精神的学科带头人。根据学科建设的需要，培育德才兼备的学科带头人，明确学科带头人的权利与义务。将现实问题作为自己的研究素材，通过体育教学论学科科研项目凝聚人才，建立高校与中小学开展合作的结构互补、资源共享、智力共用的高素质研究团队，集中人力资源和物质资源，在学科带头人的引领下，充分发挥研究团队每个人的优势，持之以恒地在某一方面长期进行研究，形成有特色和优势的研究方向，促进高水平研究成果的产生，从而支撑体育教学论学科的建设和发展。

三是与中小学建立伙伴关系。加强与中小学体育教师的纵向联系，组建从事体育教学研究的团队。特别是重大的、长期的、实验性的研究工作需要中小学教师的参与，要让他们了解理论基础，及时更新知识和教学观念，进行创造性的工作。体育教师在多年的教学实践中，积累了丰富的教学经验，创造了许多好的教学方法等，这些都是有教育价值的成果。要让体育教师在参与研究中，学会总结其心血和智慧的结晶，并将研究成果在教学实践中推广。这都体现了体育教师的素质和教学才能。同时，也让老师们在研究中反思自己的教学，将研究中的最新成果运用于自己的教学中，在研究中不断超越自己，提升自己。

### （三）体育教学论学科研究视域、方法需拓展融合

体育教学论的发展与研究方法的科学化程度密切相关。有学者认为，在体育教学论领域，其学科群可分为三个层面：体育教

学基础理论、体育教学活动理论、体育教学应用理论。[①] 这表明体育教学是一种复杂的综合的社会现象，影响和制约体育教学的因素是复杂和多元的，既有诸如体育教学的目的、内容、方法等体育教学内部各因素，也有诸如体育教学物质环境、制度环境、师生关系、生生关系等各种外部因素。

在学科研究中，要想从本质上把握事物发展变化的过程，往往必须跳出这一相对狭小的领域，借助于其他领域的知识和方法从外部予以整体关照。体育教学研究要跳出体育，把体育作为社会文化的一部分。体育是学校教育的重要组成部分，要真正认识体育教学的内涵，把握体育教学的规律，发挥体育教学在学生的成长中不可或缺的重要作用。体育教学论研究的是体育教学现象，其研究对象的复杂性和综合性，要求体育教学论学科要基于研究问题的性质和类型去选择研究方法，从不同方面、层次、角度，采用多元的研究方法。如在研究中树立整体的观念，体育教学目标、体育教学内容、体育教学方法、体育课程要同步进行，力戒零散的、孤立的研究；针对某一问题进行大规模的、深入的定向研究；体育教学研究要建立在坚实的理论基础之上，注意吸收和利用其他学科的研究成果，进行跨学科的理论基础研究，从而确立自己的一整套教学理论；对某些问题要进行长期的深入研究，特别是进行试验研究，并对研究成果及时加以总结提炼，创造出原创性的体育教学理论。这样所形成的学科教学论才能既具有一定的理论品性，又具有强烈的实践情怀。这正是今后学科教学论研究的基本出路。[②] 在具体的研究过程中促进理论探索与实证研究相结合，定量研究与定性研究相结合的研究范式。多元方

---

① 张振华，王栋梅. 体育课程论与体育教学论的辨析和建构 [J]. 成都体育学院学报，2010 (2)：89—92.

② 孟庆男. 学科教学论的困境与出路 [J]. 课程·教材·教法，2005 (4)：31—35.

法的运用，有利于在借鉴、学习其他理论中进行体育教学论的加工、改造，在集众家之长中丰富自己，在不同学科的交叉中获得本学科的重大突破，以追求结论的创新性，提升体育教学论学科研究水平，推进学科发展，使体育教学论成为一门真正独立和完善的学科。

### （四）鲜活的教学实践是体育教学论学科发展源泉

体育教学论是一门实践性很强的学科，体育教学论学科建设要构建凸显其特色的学科体系。基础教育实践是学科教学论发展的基石。鲜活的体育教学实践是体育教学论学科持久发展的生命源泉，脱离实践这一场域的研究，不利于学科走向成熟。因为“在书斋、文献中研究教学现象及其规律的教学论研究如同农业科学家不深入田间地头而在文献中研究农业科学一样”[①]。同样，离开体育教学实践这一研究“场域”，仅对静态的书本知识进行研究，对“流淌”的体育教学实践缺少必要的感知和体察，是不会生产出真正有利于实践变革和学科发展的教学理论的。因此体育教学论研究者应深入体育教学实践第一线。

一方面，体育教学论研究者要到中小学，与中小学教师合作研究，了解基础教育现状，发现问题，分析问题，结合基础教育体育改革实践中带有普遍性的问题以及迫切需要解决的“真问题”开展研究，帮中小学教师解决一些长期困扰他们的体育教学现实问题。指导教师进行更加有效的教学，促使他们的教学实践向更好的方向发展。让一线教师们认识到教学研究对教学实践的引领作用。

另一方面，研究者要对来自体育教学实践的第一手资料进行

① 王鉴. 从“教学论”研究到“教学”研究［J］. 教育研究与实验，2003 (2)：65—68.

分析、总结，将一般教学理论与体育学科特点相结合，将教学论的研究进一步深入到体育学科教学的内部，深刻理解体育教学的本质和意义，对新生事物予以客观的䌷绎和逻辑论证，由实践升华到理论。只有经过这样长期的对根植于体育教学实践具体的体育教学问题的探索，才能形成适合本土的体育教学理论，才能发挥理论指导基础教育体育教学改革实践的作用，才能为基础教育体育教学改革提供可持续发展的理论基础，体育教学论学科建设才能可持续发展，不断走向成熟。教学实践促进理论体系自身的改造，促进了教学实践的改革。

研究者应当建立坚定的实践理论观，关注教学实践，参与教学实践，研究教学实践，变革教学实践，扩大教学实践的领域和范围。这样，教学论才有活水源头，才有生成与发展的根基。"体育教学实践是体育教学论产生和发展的基础。体育教学实践给理论提供了丰富的内涵，理论也给实践提供了依据和方法论上的指导。所以，体育教学的发展是以体育教学实践为源泉，是符合马克思唯物主义思维观和方法论的基本要求。"① 走到中小学实践中去做教学论研究是摆脱束缚、提升实力、建立自信、展开平等对话与交流的第一步②，是我们创新和发展的基础。因此，体育教学论研究者要全身心地、长期地、持续地深入中小学，围绕当代体育教学发展中出现的各种问题开展研究，为体育教育教学改革提供有价值的研究成果，促进体育教学论学科的良性循环。这是体育教学论学科研究的未来。

---

① 张学忠，毛振明，崔颖波，等. 体育教学论的概念、性质、对象和任务的研究［J］. 成都体育学院学报，2005，31（4）：108－111.

② 安富海. 教学论研究者为什么"走不下去"——兼论"国外教学理论诠释中国教学实践"现象［J］. 课程·教材·教法，2012，32（7）：26－31.

### （五）体育教学论研究者需立足本土，放眼世界

在经济全球化的背景下，世界教育呈现出国际化、综合化的趋势。体育教学论作为一个开放的学科，学科内容在不断地吸收、改造相关研究成果。同时，也在进一步提高紬绎概括水平，努力追求学科内容的整合。努力做到在继承中学习和发展，与中国的实际相联系，做到世界性与民族性的统一。在借鉴中超越，实现中国高等体育学科的创新。

一是具有开阔的国际视野。学习借鉴他国，吸收先进文明成果。历史上，国家与国家之间的学习和借鉴从来没有中断过，借鉴和学习不是单向的，而是相互的甚至是多向的。全球化时代，我们不仅要向西方国家学习，而且要向一些发展中国家学习，努力吸收一切先进的文明成果。“西方学者的教育理念与方法是西方文化的产物，是与西方社会文化和价值体系具有同构性的”[①]开阔的国际视野，打破了空间界限，让我们能及时了解世界各国学校体育学术动态前沿。在借鉴和学习中，不能从中只学习其发展的技术或操作部分，而忽视其理论产生的文化背景。取人之长，进而找到适合自己的发展之路，在追赶中超越，最终形成本国特色的体育教学理论。同时在相互交流中，也让世人了解我国体育教育的发展态势，让国际体育教育界了解和接纳我国的体育教育研究成果。参与国际高层次体育教育研究领域的合作项目，提高研究水平；在国内与国外研究的相互交流学习中传播我国的体育教育研究成果，扩大我国的国际影响力。一方面“请进来”，主动邀请国外体育教育研究学者来我国访学、做学术研究报告，让更多的教师不出国门也能聆听国外体育教育专家的讲座，分享

---

① 万明钢，王平．教学改革中的文化冲突与文化适应问题［J］．教育研究，2005（10）：44—48.

其学术思想；另一方面“走出去”，派一定数量的教师出国访学和进修，借力全球，在学习中拓宽知识面，活跃思维，开阔眼界，打开学术视野，用批判的视角去反思我们的学科建设，寻找学科新的增长点。

二是具有立足本土的情怀。立足本土文化，增强文化自觉意识。体育教学论的学科建设发展不仅要具有国际化视野，更要立足本土变革实践。教学论的中国化，既要有世界的眼光，站在世界教学的全局去总结中国教学实践的经验，又要有民族的眼光，用民族审美方式去概括世界教学的实践经验。研究者如何避免在全球化过程中主体性的迷失，如何从传统文化中汲取力量，是一项重要的课题。我国体育教学论的现代化，需要体育教学论研究者以饱满的热情，充分挖掘历史和文化资源，认识到最宝贵的资源就在本土的体育教学实践中。这就要求研究者要深入我国的教学实践，从中国体育教育改革与发展的实际出发，进行理论探讨，生成本土的教学理论。对世界其他国家的教学实践和中国的教学实践进行比较研究。研究者要有强烈的本土意识和主体反思意识，参与中国当代体育教育教学改革发展进程，把我们的教学置于世界教学这一整体之中去观察，通过学科的视角、理论、方法，去研究中国体育教育中具有典型性特征的问题，获得更符合实际的认识。只有这样，才能保证我们的教学论体系既是民族的，又是世界的；既符合中国的国情，又适应世界的潮流。在中西互照中，最终使我国体育教学论学科建设产生质的飞跃。

# 参考文献

1. 中华全国体育文史资料编审委员会. 体育史料（第一辑）[M]. 北京：人民体育出版社，1980.
2. 潘懋元，刘海峰. 中国近代教育史资料汇编：高等教育[M]. 上海：上海教育出版社，2007.
3. 康全礼. 我国大学本科教育理念与教学改革研究［M]. 青岛：中国海洋大学出版社，2012.
4. 刘英杰. 中国教育大事典（1949—1990）［M]. 杭州：浙江教育出版社，1993.
5. 刘一凡. 中国当代高等教育史略［M]. 武汉：华中理工大学出版社，1991.
6.《体育词典》编辑委员会. 体育词典［M]. 上海：上海辞书出版社，1984.
7. 王冀生. 面向21世纪的中国高等教育［M]. 西安：陕西人民教育出版社，1998.
8. 谷世权. 中国体育史［M]. 北京：北京体育大学出版社，2003.
9. 许美德，巴斯蒂，等. 中外比较教育史［M]. 上海：上海人民出版社，1990.
10.《校史》编委会. 北京体育大学校史（1953—2003）［M]. 北京：北京体育大学出版社，2003.

11. 李晋裕，滕子敬，李永亮. 学校体育史［M］. 海口：海南出版社，2000.
12. 饶见维. 教师专业发展——理论与实务［M］. 台北：五南图书出版公司，1996.
13. 潘懋元. 新编高等教育学［M］. 北京：北京师范大学出版社，1996.
14. 毛振明. 实用学校体育学［M］. 北京：北京师范大学出版社，2009.
15. 伍绍祖. 中华人民共和国体育史. 综合卷（1949—1998）［M］. 北京：中国书籍出版社，1999.
16. 中华人民共和国体育运动委员会运动技术委员会. 中国体育史参考资料：第三辑［M］. 北京：人民体育出版社，1958.
17. 郑登云. 中国高等教育学史（上册）［M］. 上海：华东师范大学出版社，1994.
18. 杨德广，谢安邦. 高等教育学［M］. 北京：高等教育出版社，2009.
19. 骆秉全. 中国体育学科研究生教育研究概览［M］. 北京：北京体育大学出版社，2012.
20. 毛振明. 学校体育发展史［M］. 桂林：广西师范大学出版社，2005.
21. 中国基督教教育调查会. 中国基督教教育事业［M］. 上海：商务印书馆，1922.
22. 李秉德. 教学论［M］. 北京：人民教育出版社，1991.
23. 何东昌. 中华人民共和国重要教育文献（1949 年—1997 年）［M］. 海口：海南出版社，1998.
24. 谭华. 试论近代中国体育观念的变迁［C］//中国体育史学会. 体育史论文集. 北京：人民体育出版社，1987.
25. 高翠. 百年中国社会图谱：从“东亚病夫”到体育强国

[M]. 成都：四川人民出版社，2003.

26. 中国第二历史档案馆. 中华民国史档案资料汇编·第五辑·第一编·文化（二）[M]. 南京：江苏古籍出版社，1994.

27. 体育史教材编写组. 体育史 [M]. 第二版. 北京：高等教育出版社，1996.

28. 陈晴. 清末民初新式体育的传入与嬗变 [M]. 武汉：华中师范大学出版社，2007.

29. 章辑五. 非常时期之国民体育 [M]. 上海：中华书局，1937.

30. 国家体委体育文史工作委员会，全国体总文史资料编审委员会. 中国近代体育决议案选编 [M]. 北京：人民体育出版社，1991.

31. 国家体委. 中国体育年鉴（1949—1991）[M]. 精华本. 北京：人民体育出版社，1993.

32. 国家体委政策研究室. 体育运动文件选编（1949—1981）[M]. 北京：人民体育出版社，1982.

33. 毛泽东外交文选 [M]. 北京：中央文献出版社，1994.

34. 曹继红，王揖涛，茹秀英，等. 论新中国中外体育文化交流及其对中国体育发展的影响 [A] //第七届全国体育科学大会论文摘要汇编（一）. 2004.

35. 中央教育科学研究所. 中华人民共和国教育大事记（1949—1982）[M]. 北京：教育科学出版社，1983.

36. 何沁. 中华人民共和国史 [M]. 北京：高等教育出版社，1997.

37. 李少军. 国际战略报告 [M]. 北京：中国社会科学出版社，2005.

38. 体育院校教材编审委员会体育理论编写小组. 体育理论 [M]. 北京：人民体育出版社，1961.

39. 郝维谦，龙正中，张晋峰，等. 中华人民共和国高等教育史［M］. 北京：新世界出版社，2011.
40. 课程教材研究所. 20 世纪中国中小学课程标准·教学大纲汇编：体育卷［M］. 北京：人民教育出版社，1999.
41. 何劲鹏，姜立嘉. 体育课程生命化探究［M］. 长春：东北师范大学出版社，2009.
42. 李友芝，李春年，柳传欣，等. 中国近现代师范教育史资料［M］. 第三册. 北京：北京师范大学出版社，1990.
43. 王华倬. 中国近现代体育课程史论［M］. 北京：高等教育出版社，2004.
44. 邵伟德. 学校体育理论与教改探索［M］. 北京：北京体育大学出版社，2002.
45. 王健. 体育专业课程的发展及改革［M］. 武汉：华中师范大学出版社，2003
46. 刘捷，谢维和. 栅栏内外：中国高等师范教育百年省思［M］. 北京：北京师范大学出版社，2002.
47. 西南军政委员会文教部. 高等教育工作手册——学习苏联先进经验，提高教学质量：第五辑［A］. 重庆：西南军政委员会文教部，1953.
48. 毛泽东. 论十大关系［M］. 北京：人民出版社，1976.
49. 《中国教育年鉴》编辑部. 中国教育年鉴（1949—1981）［M］. 北京：中国大百科全书出版社，1984.
50. 高奇. 中国教育史研究：现代分卷［M］. 上海：华东师范大学出版社，1994.
51. 金季春，等，译. 世界体育教育峰会主报告论文［M］. 北京：北京体育大学出版社，2002.
52. 季浏，胡增荦. 体育教育展望［M］. 上海：华东师范大学出版社，2001.

53. 刘捷. 专业化：挑战21世纪的教师［M］. 北京：教育科学出版社，2002.
54. 李楚才. 帝国主义侵华教育史资料——教会教育［M］. 北京：教育科学出版社，1987.
55. 吴蕴瑞，袁敦礼. 体育原理［M］. 上海：勤奋书局，1933.
56. 汤志钧. 戊戌变法史［M］. 北京：人民出版社，1984.
57. 高平叔. 蔡元培全集：第三卷［M］. 北京：中华书局，1984.
58. 田正平，霍益平. 游学日本热潮与清末教育［C］//中华书局编辑部. 文史：第三十辑. 北京：中华书局，1984.
59. 毛礼锐. 中国教育史简编［M］. 北京：教育科学出版社，1984.
60. 陈学恂. 中国近代教育史教学参考资料［M］. 北京：人民教育出版社，1987.
61. 苏竞存. 中国近代学校体育史［M］. 北京：人民教育出版社，1994.
62. 王伯英，曲宗湖. 体育教学论［M］. 成都：四川教育出版社，1988.
63. 谢长法. 借鉴与融合：留美学生抗战前教育活动研究［M］. 石家庄：河北教育出版社，2001.
64. 成都体育学院体育史研究所. 中国近代体育史资料［M］. 成都：四川教育出版社，1988.
65. 国家体委体育文史工作委员会，中国体育史学会. 中国近代体育史［M］. 北京：北京体育学院出版社，1989.
66.《中国近代体育史》编写组. 中国近代体育史［M］. 北京：人民体育出版社，1985.
67. 王德滋. 南京大学百年史［M］. 南京：南京师范大学出版社，2002.

68. 学校体育大辞典编委会. 学校体育大辞典［M］. 武汉：武汉工业大学出版社，1994.
69. 崔乐泉，杨向东. 中国体育思想史：近代卷［M］. 北京：首都师范大学出版社，2008.
70. 谭华. 体育史［M］. 北京：高等教育出版社，2005.
71. 郑师渠. 晚清国粹派：文化思想研究［M］. 北京：北京师范大学出版社，1997.
72. 董远骞. 中国教学论史［M］. 北京：人民教育出版社，1996.
73. 李宏印. 体育教育教学理论与实践［M］. 西安：西安地图出版社，2006.
74. 郝勤. 体育史［M］. 北京：人民体育出版社，2006.
75. 周登嵩，赖天德，毛振明. 学校体育教学探索［M］. 北京：人民体育出版社，2000.
76. 杨贵仁. 中国学校体育改革的理论与实践［M］. 北京：高等教育出版社，2006.
77. 樊临虎. 体育教学论［M］. 北京：人民体育出版社，2002.
78. 夏思永. 体育教学论［M］. 重庆：西南师范大学出版社，2002.
79. 毛振明. 体育教学论［M］. 第二版. 北京：高等教育出版社，2011.
80. 杨东平. 中国高等教育的苏联模式——关于1952年的院系调整［J］. 东方，1995（2）.
81. 朱德副主席在中华全国体育总会筹备会议上的讲话［J］. 新体育，1950（1）.
82. 冯文彬. 新民主主义的国民体育［J］. 新体育，1950（1）.
83. 姚启和. 艰难的选择：突破苏联教育模式［J］. 高等教育研究，1994（2）.

84. 郑刚，兰军. 20世纪50年代高等教育界聘请苏联专家发展历程、特点及其影响［J］. 吉首大学学报（社会科学版），2007，28（1）.

85. 曲宗湖，郑厚成. 我国高校体育改革的历史回顾与发展前景［J］. 首都体育学院学报，1996，8（3）.

86. 谢雪峰. 从学习到改革：中国体育高等教育与苏联模式［J］. 武汉体育学院学报，2009，33（5）.

87. 黄汉升. 新中国体育学硕士研究生教育的回顾与展望［J］. 体育科学，2007，27（9）.

88. 刘子真. 学科规训的原指与现代意蕴［J］. 长春工业大学学报（高教研究版），2008（2）.

89. 钱宗梅. 民国时期国立中央大学对江苏体育发展的影响［J］. 南通大学学报（社会科学版），2014，30（4）.

90. 胡乐乐，肖川. 再论课程的定义与内涵：从词源考古到现代释义［J］. 教育学报，2009（1）.

91. 俞子箴. 中国体育藏书目［J］. 体育研究与通讯，1935，3（1）.

92. 秦晖. 太平天国：传统民变的特殊标本，中西碰撞的旁生枝节［J］. 看历史，2011（8）.

93. 陈刚. 民国期刊《体育季刊》研究［J］. 体育文化导刊，2011（8）.

94. 范兆雄. 课程资源系统分析［J］. 西北师范大学学报（社会科学版），2002（3）.

95. 朱元利. 体育教师专业化发展与体育教育专业课程改革的思考［J］. 西安体育学院学报，2004（5）.

96. 孟现志. 高等教育的专业性［J］. 教育研究，2009（2）.

97. 王华倬. 论我国近代癸卯学制时期体育课程的主要内容与特征［J］. 西安体育学院学报，2004（4）.

98. 施霏霏. 新世纪的学校体育与人文精神的回归 [J]. 西安体育学院学报，2007 (5).
99. 张世威. 我国学校体育异化现象的审视与思考 [J]. 天津体育学院学报，2008 (6).
100. 刘航. 体育课程改革文化动力本质研究 [J]. 西安体育学院学报，2009 (1).
101. 王云峰. 试论学科教育学的几个科学问题 [J]. 首都师范大学学报（社会科学版），1996 (3).
102. 杨启亮. 反思与重构：学科教学论改造 [J]. 高等教育研究，2000 (5).
103. 林宪生. 谈教学论的发展 [J]. 教育科学，2000 (1)
104. 阮立本. 运用新编体育理论教材的几点体会 [J]. 武汉体育学院学报，1962 (1).
105. 刘绍曾. 体育理论学科发展之演变 [J]. 北京体育大学学报，1994 (3).
106. 高现朝. 新中国成立初期“一边倒”外交政策是正确的现实选择 [J]. 社科纵横，2009 (9).
107. 范叶飞，马卫平. 我国学校体育课程的“钟摆现象”管窥——基于学科向度与生活向度的二维视角 [J]. 体育科学，2017，37 (2).
108. 沈建华，张家喜. 建国 60 年我国学校体育观的审视与建构 [J]. 上海体育学院学报，2009，33 (5).
109. 韩志芳，张爱红，谭华. 20 世纪 50 年代我国体育专业研究生教育回顾与评析 [J]. 北京体育大学学报，2015，38 (5).
110. 黄汉升，季克异. 我国普通高校体育教育本科专业课程体系改革的研究 [J]. 体育科学，2004 (3).
111. 黄汉升，陈作松，王家宏，等. 我国体育学类本科专业人才培养研究——《高等学校体育学类本科专业教学质量国家标准》研制与解读［J］. 体育科学，2016，36（8）.

112. 章小谦，李屏. 改“教授法”为“教学法”考［J］. 华东师范大学学报（教育科学版），2005，23（2）.

113. 马进. 麦克乐对中国近代体育的推广及其历史贡献之研究［J］. 南京体育学院学报（社会科学版），2009，23（3）.

114. 刘斌，石鸥.《勤奋体育月报》对民国中小学体育发展的积极影响［J］. 体育文化导刊，2012（10）.

115. 曲宗湖，顾渊彦. “学校体育学”三十年历程［J］. 中国学校体育，2009（8）.

116. 刘淑慧. 我国体育专业教育发展研究［J］. 体育文化导刊，2014（4）.

117. 董翠香. 新中国50年体育师资队伍培养回顾与展望［J］. 北京体育大学学报，2000，29（3）.

118. 俞大伟. 苏联对新中国体育援助的历史审视［J］. 北京体育大学学报，2015，38（4）.

119. 曲宗湖，顾渊彦. “学校体育学”课程建设回顾与展望［J］. 首都体育学院学报，2009，21（1）.

120. 黄爱峰，王明献. 专业化：新世纪体育教师教育发展的生命力［J］. 山东体育学院学报，2007，23（2）.

121. 王长纯. 教师专业化发展：对教师的重新发现［J］. 教育研究，2001（11）.

122. 唐炎. 现行体育教育本科专业课程方案存在的问题与改进建议［J］. 体育学刊，2014，21（2）.

123. 黄汉升，季克异.《普通高等学校体育教育本科专业各类主干课程教学指导纲要》解读［J］. 体育学刊，2005，12（6）.

124. 王克勤，马建峰. 关于高师院校“学科教学论”发展的若干思考［J］. 教育研究，2004（2）.
125. 王嘉毅. 从移植到创新——改革开放30年来我国教学论学科的发展［J］. 教育研究，2009（1）
126. 南仲喜. 我国体育学研究生培养现状及教育改革对策研究［J］. 西安体育学院学报，1997，14（4）.
127. 杨启亮. 高等师范教育发展中的学科教学论［J］. 南京师大学报（社会科学版），2002（2）
128. 周典明，郑沪娥. 我国体育院校体育教育专业改革与发展的研究［J］. 北京体育大学学报，2002，25（1）.
129. 哲雄，张晓菲. 体育教育专业人才培养与中小学体育教育人才需求脱节的原因及解决对策［J］. 体育学刊，2013，20（3）.
130. 李乐虎. 民国时期高等学校体育教育发展状况研究［D］. 长沙：湖南师范大学，2013.
131. 黄爱峰. 体育教师教育专业化研究［D］. 南京：南京师范大学，2005.
132. 王昊. 论新中国的体育外交［D］. 北京：外交学院，2006.
133. 刘韬. 中国学校体育百年话语分析［D］. 长沙：湖南师范大学，2015.
134. 宋会君. 体育教师专业化之研究［D］. 北京：北京体育大学，2005.

# 后　记

笔者一直从事有关学校体育教学和教师教育的教学与研究工作。2009 年考入南京师范大学课程与教学论专业，攻读博士学位，研究方向主要是体育学科教学论。恰逢教科所启动《学科课程与教学研究三十年》丛书编纂项目，在导师田雨普教授的鼓励和支持下，笔者参与了该丛书的编纂工作。这一领域对于笔者而言是陌生而新奇的。在收集资料的过程中，笔者掌握了大量资料。通过对资料的分类、整理，体育学科课程与教学发展研究的脉络逐渐清晰。眼光敏锐的导师，指点笔者充分利用收集的资料，将其作为自己博士论文的研究内容。在导师的悉心指导下，完成了博士论文《基础教育体育教学变革 30 年（1979—2009）》。

笔者由此对体育教学的历史产生了浓厚的兴趣。作为体育教学论学科的研究者，体育教学论学科究竟有着怎样的发展历史，如何借鉴国际经验来改进体育学科教学，如何加强体育教学研究以提升体育教师的教学智慧，如何发挥体育学科在立德树人中的作用等问题吸引着笔者不断地去思考和探索。

此书便是在笔者主持完成的 2013 年教育部人文社会科学项目成果基础上修订而成的。笔者在研究过程中深深地感受到，基础教育体育的快速发展对体育教师的要求越来越高，特别是现在教师资格的“国考”制度，更是提高了教师的入职门槛。体育教学论学科作为体育教育专业的支撑学科，不仅研究教材教法，而且研究体育教学的理论、体育课程的理论等，在体育教师教育培养学生的专业化过程中发挥着重要的学科价值。

体育教学论作为分科教学论，从无到有，有自己的发展历程；在其发展过程中也有自己的基本问题。本研究以理性反思为手段，以问题为起点，对体育教学论学科自身的发展历程进行全面、深入、系统的研究，厘清体育教学论发展的脉络，寻找历史发展规律，为体育教学论学科发展提供值得借鉴的历史经验。为此，笔者对浩如烟海的史料进行认真梳理，其间数易其稿，深感底蕴不足，书中尚存不足之处，敬请专家读者批评指正。

感谢我的导师田雨普教授。他以博雅的学识和学者的风范引领我进入体育科研的大门。现在他虽困卧病榻，但克服困难，笑对人生，坚持思考，笔耕不辍。他关心学生，欣然为本书作序。身为学生，感佩之情无以言表，唯有加倍努力，方不负恩师的厚望。

在书稿的撰写过程中，笔者参考和引用了诸多专家学者的观点和成果，在此一并表示诚挚的谢意！

赵　利

2018 年 4 月于绵阳